ବିଳମ୍ବିତ ଅନ୍ତର୍ଦାହ

ବିଳମ୍ବିତ ଅନ୍ତର୍ଦାହ

ଡକ୍ଟର ରମେଶ ପ୍ରସାଦ ମହାନ୍ତି

ବ୍ଲାକ୍ ଈଗଲ୍ ବୁକ୍ସ
ଭୁବନେଶ୍ୱର, ଓଡ଼ିଶା

BLACK EAGLE BOOKS
Dublin, USA

ବିଳମ୍ବିତ ଅନ୍ତର୍ଦାହ / ଡକ୍ଟର ରମେଶ ପ୍ରସାଦ ମହାନ୍ତି

ବ୍ଲାକ୍ ଇଗଲ୍ ବୁକ୍ସ : ଭୁବନେଶ୍ୱର, ଓଡ଼ିଶା • ଡବ୍ଲିନ୍, ଯୁକ୍ତରାଷ୍ଟ୍ର ଆମେରିକା

BLACK EAGLE BOOKS

USA address:
7464 Wisdom Lane
Dublin, OH 43016

India address:
E/312, Trident Galaxy, Kalinga Nagar,
Bhubaneswar-751003, Odisha, India

E-mail: info@blackeaglebooks.org
Website: www.blackeaglebooks.org

First International Edition Published by
BLACK EAGLE BOOKS, 2024

BILAMBITA ANTARDAHA
by **Dr. Ramesh Prasad Mohanty**

Copyright © **Dr. Ramesh Prasad Mohanty**

All rights reserved. No part of this publication may be reproduced, stored in a retrieval system, or transmitted, in any form or by any means, electronic, mechanical, photocopying, recording or otherwise without the prior permission of the publisher.

Cover & Interior Design: Ezy's Publication

ISBN- 978-1-64560-268-2 (Paperback)

Printed in the United States of America

ମୁଖବନ୍ଧ

ବିଗତ ଦିନମାନଙ୍କରେ ମୋର ବହୁମୂଲ୍ୟ ସମୟକୁ ଯଥାକାର୍ଯ୍ୟରେ ସଦୁପଯୋଗ କରିପାରିନଥିବାର ବେଦନାରୁ ସୃଷ୍ଟ ଛଟପଟ ମନ ଭିତରୁ ଉତୁରି ପଡୁଥିବା ଭାବାବେଗକୁ ଲପିବଧ କରିବା ଅର୍ଥାତ୍ ଏହା ମାଧ୍ୟମରେ ନୂତନ ପିଢ଼ିକୁ ଦିଗ୍‌ଦର୍ଶନ ଦେବାର ଲକ୍ଷ୍ୟନେଇ ଏହି ସଂକଳନ ତଥା 'ବିଳମ୍ବିତ ଅନ୍ତର୍ଦାହ'ର ଜନ୍ମ । ଏଥିରେ ସର୍ବମୋଟ ୩୭ ଗୋଟି କବିତା ସ୍ଥାନିତ ଏବଂ ଏହା ଆରମ୍ଭ ହୋଇଛି କବିତା 'ବିଳମ୍ବିତ ଅନ୍ତର୍ଦାହ-୧' ଏବଂ ସମାପ୍ତ ହୋଇଛି କବିତା 'ବିଳମ୍ବିତ ଅନ୍ତର୍ଦାହ-୨' ସହିତ । ଅନ୍ୟ କବିାତ ଗୁଡିକ ମଧ୍ୟ ସେହି ଅନ୍ତର୍ଦାହରୁ ହିଁ ସୃଷ୍ଟି କିନ୍ତୁ ସେଗୁଡିକ ଭିନ୍ନ ଭିନ୍ନ ନାମ ଏବଂ ରୂପରେ ଆବିର୍ଭୁତ ।

ଏହି ଗ୍ରନ୍ଥରେ ସ୍ଥାନିତ 'ଓଶାମୃତ' କବିତାଟି ବିଶିଷ୍ଟ ଦାର୍ଶନିକ ଓଶୋ ତଥା ଆଚାର୍ଯ୍ୟ ରଜନୀଶଙ୍କ ଏକ ଜୀବନ ଦର୍ଶନକୁ ନେଇ ରଚ଼ନା କରାଯାଇଥିବା ବେଳେ 'ଜୀବନ' କବିତାଟି ଅଜଣା ଏକ ଲେଖକଙ୍କ ଏକ ହିନ୍ଦୀ କବିାତର ଭାବାନୁବାଦ ଏବଂ ସେହିପରି 'ଯଥାର୍ଥାନୁଭବ' କବିତାଟି ଜଣେ ଇଂରାଜୀ କବି ତଥା ଜୟ ଲଭ୍‌ଲେଟ୍ କ୍ରଫୋର୍ଡଙ୍କ ଦ୍ୱାରା ରଚ଼ିତ 'ଦ ଓ୍ୱାର୍ଲ୍ଡ ଇଜ୍ ମାଇନ୍' କବିତାର ଭାବାନୁବାଦ ଅଟେ ।

ସଂକଳନଟିର ପାଣ୍ଡୁଲିପିକୁ ତର୍ଜମା କରି ମତାମତ ବାଢ଼ିବା ସହିତ ଏଥିରେ ଥିବା ତ୍ରୁଟି ମାର୍ଜନା କରିବାରେ ସହାୟକ ହୋଇଛନ୍ତି ବିଶିଷ୍ଟ ଲେଖକ ତଥା ଭାଷା, ସଂସ୍କୃତି ସମାଜର ଅଧକ୍ଷ ଡ. ଅଭୟ କୁମାର ବେହେରା ମହୋଦୟ । ଏଥିପାଇଁ ମୁଁ ତାଙ୍କ ନିକଟରେ କୃତଜ୍ଞ ଏବଂ ସଂକଳନଟିକୁ ବିଶିଷ୍ଟ ପ୍ରକାଶକ ତଥା ବ୍ଲାକ ଇଗଲ୍ ବୁକ୍ସର ନିର୍ଦ୍ଦେଶକ ଶ୍ରୀ ସତ୍ୟ ପଟ୍ଟନାୟକ ଏବଂ ତାଙ୍କ ସହଯୋଗୀ ଶ୍ରୀ ଅଶୋକ କୁମାର ପରିଡ଼ା ମହୋଦୟ ପ୍ରକାଶନରେ ସହାୟକ ହୋଇଥିବାରୁ ମୁଁ ସେମାନଙ୍କ ପାଖେ ଚୀର ଋଣୀ । ଆଶା ଏହି ସଂକଳନଟି ଯଦି କୌଣସି ବ୍ୟକ୍ତି ବିଶେଷଙ୍କୁ କୌଣସି ନା କୌଣସି ପ୍ରକାରେ ବାଟଦେଖାଇବାରେ କିଛିଟା ସହାୟକ ହୁଏ ତେବେ ଯାଇ ଏହାର ଜନ୍ମ ସାର୍ଥକ ହେବ, ଏଥିରେ ସନ୍ଦେହ ନାହିଁ ।

ଡକ୍ଟର ରମେଶ ପ୍ରସାଦ ମହାନ୍ତି

ସୂଚିପତ୍ର

ବିଳମ୍ବିତ ଅନ୍ତର୍ଦାହ -୧	୯
ପରାସ୍ତ ଅସ୍ତିତ୍ୱ	୧୧
ଓଶାମୃତ	୧୩
ନାଁ ମୋର ସମ୍ଭାବନା ନଂ-୫	୧୫
ଯଥାର୍ଥାନୁଭବ	୧୮
ଆଜିର ଅନୁଚିନ୍ତା	୨୧
ନିର୍ବାଣ	୨୪
କାଳ	୨୬
ଜୀବନ	୨୯
ଗଛ	୩୩
ପାରିବତ ଫେରାଇଦିଅ ମୋ ପାରିବାପଣ	୩୫
ଖୋଳପା	୩୭
ଅନ୍ତସ୍ୱର	୪୦
ସିଗାରେଟ୍	୪୩
ଆଦିଭୂମିର ନିଶବ୍ଦ ଆର୍ତ୍ତନାଦ	୪୭
ଖୁସି ଖୋଜା	୫୦
ଅକର୍ମା ଉବାଚ	୫୨
ମୋତେ ଜଣେ ହେଲେ ଦି ଶତ୍ରୁ ଦିଅ	୫୩
ଘଣ୍ଟି	୫୪
ମୋ ପରିଧିର ପୃଥିବୀ	୫୬
ଜୀବନ ଧର୍ମ	୬୧
ସନ୍ଦେହ	୬୪

ଆଦି ଭୂମିର ଆଦିକଥା	୬୬
ଜୀବନ, ମୃତ୍ୟୁ, ଧର୍ମ ଆଉ ସ୍ୱାଦେନ୍ଦ୍ରିୟ	୬୯
ଅପଚେଷ୍ଟା	୭୧
ଆପଣ ହସ୍ତେ ଜିହ୍ୱା ଛେଦି	୭୩
ସନ୍ଧାନ	୭୪
ସୁନାର ସହର ଭିତରେ ଏକ ବୁଭୁକ୍ଷୁ ନାରୀର ଅନ୍ତସ୍ୱର	୭୬
ମନ- ବାପା, ପୁଅ ଆଉ ଝିଅର	୭୮
ସେପଟ ପାଖ	୮୨
ଅଜାତ ଶତ୍ରୁ	୮୫
ସହରର କୋଠାଘର	୮୬
ଯୁଦ୍ଧ, ବନ୍ଧୁତ୍ୱ ଆଉ ଆଶା	୮୭
ପରିଭାଷା- ପ୍ରେମର	୯୦
ଜୀବନ ମନ୍ତ୍ର	୯୩
ସହରାବସ୍ଥାନ ଜଣେ ବୃଦ୍ଧ ସୈନିକର	୯୫
ବିଳମ୍ବିତ ଅନ୍ତର୍ଦାହ - ୨	୯୮

ବିଳମ୍ବିତ ଅନ୍ତର୍ଦାହ-୧

ମୁଁ ଯେତେବେଳେ ଅପେକ୍ଷାରେ
ତୁମେ ସେତେବେଳେ ଅତି ମନ୍ଥର
ଆଉ ମୁଁ ଯେତେବେଳେ ବିଳମ୍ବିତ
ତୁମେ ସେତେବେଳେ ଖୁବ୍ କ୍ଷୀପ୍ର
ହେ ସମୟ
ତୁମେ ହିଁ ବୋଧେ ନିଶ୍ଚେ ସର୍ବଶକ୍ତିମାନ୍
ସ୍ୱୟଂ ନାରାୟଣ ।

ତୁମେ ମାରାତ୍ମକ
ମୁଁ ଯେତେବେଳେ ଶୋକାବହ
ଆଉ ତୁମେ ଅତୀବ ସ୍ୱଚ୍ଛ
ମୁଁ ଯେତେବେଳେ ଖୁସିରେ ଅଧିର
ହେ ସମୟ
ତୁମେ ହିଁ ବୋଧେ ନିଶ୍ଚେ ସର୍ବଶକ୍ତିମାନ୍
ସ୍ୱୟଂ ନାରାୟଣ ।

ତୁମେ ଅନ୍ତହୀନ
ମୁଁ ଯେତେବେଳେ ଯନ୍ତ୍ରଣାରେ ଛଟପଟ
ଆଉ ତୁମେ ଖୁବ୍ ଦୀର୍ଘ
ମୁଁ ଯେତେବେଳେ ଅତି ମାତ୍ରାରେ କ୍ଳାନ୍ତ
ହେ ସମୟ

ତୁମେ ହିଁ ବୋଧେ ନିଶ୍ଚେ ସର୍ବଶକ୍ତିମାନ୍
ସ୍ୱୟଂ ନାରାୟଣ ।

ହେ ମୋର ପରମ ଆରାଧ୍ୟ
ମୋତେ କ୍ଷମାକର
କ୍ଷମାକର ମୋତେ
ତୁମକୁ ଚିହ୍ନିବାରେ
କରିଦେଇଛି ମୁଁ ଯଥେଷ୍ଟ ବିଳମ୍ୱ
ଜାଣି ଯାଆନ୍ତୁ ତୁମକୁ ଅବିଳମ୍ୱେ
ମୋ ପୁତ୍ର, ପୌତ୍ରୀ ଆଉ
ଆଗାମୀ ବଂଶଜ
ଜାଜ୍ୱଲ୍ୟମାନ ହୋଇଯାଉ ସେମାନଙ୍କ ଭବିଷ୍ୟତ
ହେ ସମୟ
ମୋତେ କ୍ଷମା କର ।

ପରାସ୍ତ ଅସ୍ତିତ୍ୱ

ବ୍ରାହ୍ମ ମୂହୁର୍ତ୍ତର
ରକ୍ତିମା ମୃତାଣ୍ଡ ତୁ ବି
ପ୍ରାତଃ କାଳର କାକଶବଦ
ଡହଡହ ଖରାବେଳର
ତତଲା ଭାତଥାଳି ତୁ ବି
ସନ୍ଧ୍ୟା ସମୟର ଶଙ୍ଖନାଦ
ଅନ୍ଧାର ରାତିର ମହମବତୀ ତୁ ବି
କଟୁକୀଟ ଆଗମନ ବେଳର
ସୁବାସିତ ଝୁଣାଧୂପ ।

ତୁ ତ କେବଳ କାଙ୍କସିଝା ମାରୁଥାଉ
ଆଉ କେତେବେଳେ ମରୁ ତ
କେତେବେଳେ ପାଉଁଶ ବି ହେଉ
ଅନ୍ଧାର ବରାବର ହାରୁଥାଏ
ମୋ ପେଟ ପୂରେ
ମଶା ମରେ
ମୁଁ ସୁଖନିଦ୍ରା ଯାଏ ।

ତୁ କେମିତିକା ମଣିଷଟେ କହିଲୁ ?
କେତେବେଳେ ତୁ ଖାଉ
ଆଉ କେତେମାତ୍ରାରେ ବା ଖାଉ ?

କେତେବେଳେ ତୁ ଶୋଉ
ଆଉ କେତେମାତ୍ରାରେ ବା ଶୋଉ ?
କେତେବେଳେ ତୁ ଉଠୁ
ଆଉ କେତେମାତ୍ରାରେ ବା ଜାଗ୍ରତ ରହୁ ?
ଜାଣିବାପାଇଁ
ମୋ ଆଣ୍ଟୁ ଦୁଇଟାଯାକ
ଭୂଇଁ ଛୁଏଁ
ମାପକାଠି ପରାସ୍ତ ହୁଏ ଏଠି
ପଦାର୍ଥ ବିଜ୍ଞାନ ବି ହାର ମାନେ।

ତୁ ଜିତୁ
ଏଠି, ସେଠି, ସବୁଠି ଜିତୁ
ନୂଆ ନୂଆ ଭ୍ରୂଣମାନେ
ଜନମୁଥାନ୍ତି ଗର୍ଭରୁ ତୋର
ହୃଦ୍‌ସ୍ପନ୍ଦନରୁ ସେମାନଙ୍କର
ଏକ 'ଅନନ୍ତ ଧ୍ୱନୀ' ଶୁଭୁଥାଏ
ବୋଉ
ତୁ ବି ବୋଧେ ନିଶ୍ଚୟ ସେଇ
ଚିରଜାଗ୍ରତ ସର୍ବଶକ୍ତିମାନ
'ଓଁକାର ଶବଦ'
ଆଉ
ମୁଁ ଏକ ପରାସ୍ତ ଅସ୍ତିତ୍ୱ
ମୁଁ ଏକ ପରାସ୍ତ ଅସ୍ତିତ୍ୱ
ମୁଁ ଏକ ପରାସ୍ତ ଅସ୍ତିତ୍ୱ ।

ଓଶାମୃତ

ମୁଁ ଜାଣେ
ମୋର ଯେବେ ମୃତ୍ୟୁ ଘଟିବ
ତୁମେ ମୋତେ
ଭେଟିବାକୁ ନିଶ୍ଚୟ ଆସିବ
ଆଉ ମୋତେ ସେ ସବୁ
କିଛି ବି ହେଲେ ଜଣା ପଡ଼ିବନି
ତେବେ ହେ ବନ୍ଧୁ !
ଆଜି ହିଁ ପାଖକୁ ମୋର
ଟିକେ ଚାଲି ଆସନ୍ତୁ ନା ।

ମୋର ଯେବେ ମୃତ୍ୟୁ ଘଟିବ
ମୁଁ ଜାଣେ
ତୁମେ ମୋର ସମସ୍ତ ଭୁଲ୍‌କୁ
କ୍ଷମା କରିଦେବ
ଆଉ ମୋତେ ସେ ସବୁ
କିଛି ବି ହେଲେ ଜଣା ପଡ଼ିବନି
ତେବେ ହେ ବନ୍ଧୁ !
ଆଜି ହିଁ ମୋତେ
କ୍ଷମା କରିଦିଅନ୍ତୁ ନା ।

ମୋର ଯେବେ ମୃତ୍ୟୁ ଘଟିବ
ମୁଁ ଜାଣେ
ତୁମେ ମୋର ସବୁ
ଭଲ ଭଲ ଗୁଣମାନ
ଗାନ କରିଚାଲିବ
ଆଉ ମୋତେ ସେ ସବୁ
କିଛି ବି ହେଲେ ଜଣା ପଡ଼ିବନି
ତେବେ ହେ ବନ୍ଧୁ
ଆଜି ହିଁ ମୋ ଭଲଗୁଣ ତକ
ଆବୋରି ନିଅନ୍ତୁ ନା ।

ଆଉ ଏ କଥା ମଧ୍ୟ ମୁଁ ଜାଣେ
ମୋର ଯେବେ ମୃତ୍ୟୁ ଘଟିବ
ତୁମେ ଭାବିବ
ଆରେ ଏ ବ୍ୟକ୍ତି ସାଥେ
ଆଉ କିଛି ସମୟ ବିତାଇଥିଲେ
କେତେ ଭଲ ହୋଇ ନ ଥାନ୍ତା !
ଆଉ ମୋତେ ସେ ସବୁ
କିଛି ବି ହେଲେ ଜଣା ପଡ଼ିବନି
ତେବେ ହେ ବନ୍ଧୁ,
ହେ ମୋର ଆତ୍ମୀୟସ୍ୱଜନ
ମୋ ପ୍ରତିବାସୀଗଣ,
ଆଜି ହିଁ ପାଖକୁ ମୋର
ଟିକେ ଚାଲି ଆସନ୍ତୁ ନା ।

■

ଟିପ୍ପଣୀ: ମୁଖବନ୍ଧ ଦେଖନ୍ତୁ

ନାଁ ମୋର ସମ୍ଭାବନା ନଂ-୫

ଅନେକଥର
କଥା କଟାକଟି ପରେ
ବାଦ ବିବାଦ ପରେ
ହତ୍ୟା
ହତ୍ୟା ପରର ହତ୍ୟା
ତା ପରର ହତ୍ୟା ପରେ
ପୁଣି ସେଇ ସମ୍ଭାବନାର ମୃତ୍ୟୁ !

କେତେବେଳେ
ମୋ ବେକରେ ତୁମ କଟୁରି ତ
ଆଉ କେତେବେଳେ ମୋ ପେଟରେ
କେତେବେଳେ
ମୁଁ କୁକୁର ମୁହଁର
ତୀକ୍ଷ୍ଣ ଦାନ୍ତ ଦୁଇଧାଡ଼ି ମଝିରେ ତ
ଆଉ କେତେବେଳେ
ନର୍ଦ୍ଦମା ଭିତରେ
କେତେବେଳେ ମୁଁ
ଗହୀରିଆ କିଆବୁଦା ମୂଳେ ତ
ଆଉ କେତେବେଳେ
ଡଷ୍ଟବିନ୍ ଭିତରେ
କେତେବେଳେ

ମୁଁ ଅତଳ ନଦୀର
ପ୍ରଖର ସ୍ରୋତରେ ତ
ଆଉ କେତେବେଳେ
ହୁତୁହୁତିଆ ନିଆଁର
ଅମାନିଆ ବହ୍ନି ଶିଖା ଭିତରେ ।

କିନ୍ତୁ, ବାପା
ତୁମେ କଦାପି ହେଲେ ନୁହଁ
ବୋଉ ବୋଧହୁଏ
ଚିନ୍ତା କରିଥିଲା
ଏଇ ଥରକ
ସେ ମୋ ନାଁ ନିଶ୍ଚେ
ସମ୍ଭାବନା ନଂ-୫
ରଖିବ ବୋଲି ସ୍ଥିର କରିଥିଲା ।
ଶୁଣ
ଶତ ସଲାମ
ତୁମ ପୁରୁଷପଣିଆକୁ
ପାରିବ ତ ଛିଣ୍ଡାଇ ଦିଅ
ବୋଉ ବେକରୁ ମୋର
କଟା ମୁଣ୍ଡମାଳାକୁ
ଲିଭାଇଦିଅ ମଥାରୁ
ତା'ର ରକ୍ତିମା ସିନ୍ଦୂର ଟୋପାକୁ
ଛଡ଼ାଇ ଆଣ ତ୍ରିଶୂଳ
ହାତରୁ ତାର
ବଧ କରିଦିଅ
ତୁମ ମା'ଆ ଆଉ ପତ୍ନୀ
ଦୁଇଜଣଙ୍କୁ!

କିନ୍ତୁ
ମନେରଖ
ଶରୀର ଗୋଟାକଯାକ ତା'ର ଉଲଗ୍ନ
ସେ ବଂଶ ପ୍ରଜନିତ୍ରୀ
ବନ୍ଦ କର ତୁମ ମନ୍ତ୍ରପାଠ
ପ୍ରକମ୍ପିତ ଆଉ ନ ହେଉ ବାୟୁମଣ୍ଡଳ
ଜନଶୂନ୍ୟ ହୋଇଯାଉ
ଗୋଟାକଯାକ ପୃଥିବୀ
କେହି ହେଲେ ଜଣେ ବି ପୁରୁଷ
ଆଉ ପାଠ ନ କରନ୍ତୁ
"ଅୟି ଗିରିନନ୍ଦିନି ନନ୍ଦିତ ମେଦିନି
ବିଶ୍ୱବିନୋଦିନି ନନ୍ଦିନୁତେ
ଗିରିବର ବିନ୍ଧ୍ୟ
ଶିରୋଽଧିନୀ ବାସିନି
ବିଷ୍ଣୁବିଳାସିନି ଜିଷ୍ଣୁନୁତେ ।
ଭଗବତୀ ହେ
ଶିତିକଣ୍ଠକୁଟୁମ୍ବିନି
ଭୂରି କୁଟୁମ୍ବିନି ଭୂରି କୃତେ
ଜୟ ଜୟେ ହେ
ମହିଷାସୁରମର୍ଦ୍ଦିନୀ
ରମ୍ୟକପର୍ଦ୍ଦିନୀ ଶୈଳସୁତେ ।

ଯଥାର୍ଥାନୁଭବ

ଆଜି ଏକ ବସ୍‌ରେ
ଯାତ୍ରା କରୁଥିବା ସମୟରେ
ଦେଖିଲି ଜଣେ ଅତି ସୁନ୍ଦର ଝିଅର
'ମନମୁଗ୍ଧକର ସୁନେଲି ରଙ୍ଗର
ଗୋଛାଏ ଚୁଟି'
ମନେ ମନେ ଗଭୀର ଅସନ୍ତୋଷ ପ୍ରକାଶ କଲି
ନିଜ ପାଇଁ ନିଜେ
ପ୍ରଶ୍ନଟିଏ ବି ଠିଆ କରାଇଲି
କହିଲି ହେ ଭଗବାନ୍ !
'ମୁଁ କାହିଁକି ଅନୁରୂପ ସୌନ୍ଦର୍ଯ୍ୟରୁ ବଞ୍ଚିତ ହେଲି' !

କିନ୍ତୁ
ହଠାତ୍ ଯେତେବେଳେ ସେ
ଭିଡ ଭିତରୁ ଓହ୍ଲାଇବା ପାଇଁ ପ୍ରସ୍ତୁତ ହେଲେ
ଦେଖିବାକୁ ପାଇଲି
ଏକ ସହାୟକ ଦଣ୍ଡଧରି
ସେ ଠିଆ ହେଲେ
ମୁଁ ଅବାକ୍
କାହିଁକିନା
ତାଙ୍କର ମାତ୍ର ଗୋଟିଏ ଗୋଡ଼ ହିଁ ଥିଲା
ତଥାପି ସ୍ମିତହାସ୍ୟ ବଦନରେ

ସେ ତଳକୁ ଚାଲିଗଲେ
ମୁଁ କିନ୍ତୁ ଭଗବାନଙ୍କୁ କ୍ଷମା ମାଗିବା ସହିତ
ଶତ ସହସ୍ର ଧନ୍ୟବାଦ ଦେଇଚାଲିଲି
କାରଣ
ପାଖରେ ମୋର
'ଦୁଇଟିଯାକ ଗୋଡ଼' ଥିଲା
ବାସ୍ତବିକ୍
'ପୃଥିବୀ ଗୋଟାକଯାକ ମୋର ବୋଲି'
ସେତେବେଳେ ମୋର
ଅନୁଭବ ହେଲା ।

ବାଟରୁ କିଛି ଚକୋଲେଟ୍ କିଣିବାପାଇଁ
ମୁଁ ଠିଆ ହେଲି
ଯେଉଁ ବାଳକଟି ଚକୋଲେଟ୍ ବିକ୍ରି କରୁଥିଲା
ସେ ଅତୀବ 'ଆକର୍ଷଣୀୟ' ଦିଶୁଥିଲା
ତା ସଙ୍ଗେ ମୁଁ କିଛି ସମୟ କଥା ହେଲି
ସେ ଅତି ଆନନ୍ଦରେ ଥିବାର
ଅନୁଭବ କଲି
ମୁଁ ସେ ଜାଗା ପରିତ୍ୟାଗ କରିବା ସମୟରେ
ସେ କହିଲା "ଧନ୍ୟବାଦ୍
ଆପଣ ଖୁବ୍ ଦୟାବାନ୍"
ମୁଁ କହିଲି
"ତୁମସାଥେ କଥା ହୋଇ
ମୋତେ ଖୁବ୍ ଆନନ୍ଦ ମିଳିଲା"
ସେ କହିଲା
"ମୁଁ କିନ୍ତୁ ଜନ୍ମାନ୍ଧ ଆଜ୍ଞା
କିଛି ବି ହେଲେ ଦେଖିପାରେ ନାହିଁ ।"
ମୁଁ ଅବାକ୍
ଭଗବାନଙ୍କୁ କ୍ଷମା ମାଗିବା ସହିତ

ଶତ ସହସ୍ର ଧନ୍ୟବାଦ ଦେଇଚାଲିଲି
କାରଣ ପାଖରେ ମୋର
'ଦୁଇଟିଯାକ ଚକ୍ଷୁ' ଥିଲା
ବାସ୍ତବିକ୍
'ପୃଥିବୀ ଗୋଟାଯାକ ମୋର ବୋଲି'
ସତେବେଳ ମୋର ଅନୁଭବ ହେଲା ।
ମୁଁ ଯେତେବେଳେ
ରାସ୍ତାରେ ପଦଚାରଣ କରୁଥିଲି
'ନୀଳ ରଙ୍ଗ ଚକ୍ଷୁଥିବା'
ଅତି ସୁନ୍ଦର ଜଣେ ବାଳକକୁ ଦେଖିଲି
ସେ ଠିଆ ହୋଇ
କିଛି ପିଲା ଖେଳୁଥିବା ଆଡ଼କୁ ଅନାଇ ରହିଥିଲା
ପାଖରେ ତା'ର ମୁଁ ଦଣ୍ଡାୟମାନ ହୋଇ
"ତୁମେ କାହିଁକି ସେମାନଙ୍କ ସହିତ ଖେଳୁନାହଁ"ବୋଲି
ପ୍ରଶ୍ନଟିଏ ପଚାରିଲି
ସେ କିନ୍ତୁ
'ନିରୁତ୍ତର ରହି ନିଶ୍ଚଳ ଭାବେ
ସେ ଦିଗକୁ କେବଳ ଅନାଇ ରହିଲା'
ଜାଣିବାକୁ ପାଇଲି
'ଜନ୍ମରୁ ସେ ତା'ର ଶ୍ରବଣ ଶକ୍ତି'
ହରାଇ ବସିଥିଲା
ମୁଁ ଅବାକ୍
ଭଗବାନଙ୍କୁ କ୍ଷମା ମାଗିବା ସହିତ
ଶତ ସହସ୍ର ଧନ୍ୟବାଦ ଦେଇଚାଲିଲି, କାରଣ
ମୁଁ ଦୁଇଟିଯାକ କାନରେ ମୋର ଶୁଣିପାରୁଥିଲି
ବାସ୍ତବିକ୍ 'ପୃଥିବୀ ଗୋଟାଯାକ ମୋର ବୋଲି'
ସତେବେଳ ମୋର ଅନୁଭବ ହେଲା ।

■

ଟିପ୍ପଣୀ: ମୁଖବନ୍ଧ ଦେଖନ୍ତୁ

ଆଜିର ଅନୁଚିନ୍ତା

ଅନେକଗୁଡ଼ିଏ
ବିଶ୍ୱ କବିତାମାନ
ପାଠ କରିସାରିବା ପରେ
ମନେ ହେଲା
ସତେ କି ଏମିତି ଏକ
ସ୍ଥାନ ଥିବ
ଯେଉଁଠି ମଣିଷ ପାଦ
ମୋଟେ ପଡ଼ି ନଥିବ
ଅଥଚ ଜୀବନ ଥିବ !

ସେଠି ମାଟି ଥିବ
ପାଣି ଥିବ
ପବନ ଆଉ ଆକାଶ ବି ଥିବ
ସମସ୍ତେ ହସୁଥିବେ
ଅର୍ଥାତ୍
କେହି କ୍ଷତାକ୍ତ ହୋଇ ନଥିବେ
ଅଶ୍ରୁର ସଂଜ୍ଞା ସେମାନଙ୍କୁ
ଜଣା ନ ଥିବ
ପ୍ରଶ୍ୱାସ ନେଉଥିବେ ତ
କେବଳ 'ଓଁକାର' ଶବଦ ଶୁଭୁଥିବ
ଜୀବନର ଇନ୍ଦ୍ରଧନୁ

ଆଙ୍କିହୋଇ ଯାଉଥିବ ସେଠି
ନ ଥିବ ତ
କେବଳ
ମଣିଷ ନ ଥିବ !

ଖାଦ୍ୟ ଧାଉଁଥିବ
ଖାଦକ ଗୋଡାଉଥିବ
ବାଆ ସୁଲୁସୁଲୁ ହୋଇ ବହୁଥିବ
ବତାସ ସାଇଁ ସାଇଁ ହେଉଥିବ
ଝରଣା ଝରୁଥିବ
ସାଗର ଗର୍ଜନ କରୁଥିବ
ସେଠି ଶବଦ ଥିବ ତ
କେବଳ ନିରବତାର ଶବ୍ଦ ଥିବ
ଦେଖିବ ବୋଧହୁଏ
'ପ୍ରଦୂଷଣ' ଶବ୍ଦଟି
ଶବ୍ଦକୋଷରୁ
ଧିରେ ଧିରେ ଅପସରି ଯିବ ।

ଏଇଠି ସାରିଦେବାକୁ
ଚାହିଁଲି କବିତାଟି
କିନ୍ତୁ
ଭଲ ଲାଗିଲାନି ମୋତେ
ଚିରି ଫିଙ୍ଗିଦେବାକୁ ବାହାରିଲି
ହଠାତ୍ ଭାବିଲି
"କାଳେ ମୋ ପରିବେଶ"
ପ୍ରଦୂଷିତ ହୋଇଯିବ
ସେଇଥିପାଇଁ
ତାକୁ ମୁଁ ସାଇତି ରଖିଲି
ଅବବୋଧ କଲି

ବୋଧହୁଏ
ଆସନ୍ତା କେଇ ଦଶନ୍ଧିପାଇଁ ତ
ପରିବେଶ ମୋର
'ପ୍ରଦୂଷଣରୁ' ଟିକିଏ ହେଲେବି
ମୁକ୍ତି ପାଇଯିବ !

ନିର୍ବାଣ

ତୁମେ ଯଦି କହିବ
କେବଳ ଜଣେ ମାତ୍ର ବ୍ୟକ୍ତିଙ୍କୁ
ଗୁଳିବିଦ୍ଧ କରିଦେଲେ
ସମାଜଟା ପୁନର୍ବାର ବଞ୍ଚିଉଠିବ
ତେବେ ସେ ଅପରାଧ କରିବାକୁ
ମୁଁ ପ୍ରସ୍ତୁତ ।

ଆଦେଶ ଆସିଲା ତୁମଠୁ
ମୁଁ ନିଜେ ନିଜକୁ ଗୁଳିବିଦ୍ଧ
କରିଦେବା ଉଚିତ୍
ଚମକି ଉଠିଲି
ପ୍ରକମ୍ପିତ ହେଲା ମୋ ଆପାଦ ମସ୍ତକ
ଖାଲି ଗମ୍ ଗମ୍ ଅଙ୍ଗଜଳ
ଶରୀର ମୋ ଗୋଟାକଯାକ ସିକ୍ତ
କିନ୍ତୁ ସୌଭାଗ୍ୟେ
ଘନଘୋର ଅନ୍ଧାର ରାତ୍ରୀର
ସ୍ୱେଦିତ ଶଯ୍ୟା ଉପରେ
ପାଇଲି ମୁଁ ମୋ
ଜିଅନ୍ତା ଶବ ।

ମୁଁ ମରିସାରିଛି
ଆଉଥରେ କେବେହେଲେ
ମରିବାକୁ ଚାହେଁନା ଏବେ
କିଟିମିଟି ଅନ୍ଧକାର ଭିତରୁ
ପାଇଛି ମୁଁ ଗୋଟାଏ
ଜାଜ୍ୱଲ୍ୟମାନ ସୂର୍ଯ୍ୟ
ପାଲଟିଲି ବାଲ୍ମୀକି
ଦସ୍ୟୁ ରତ୍ନାକର ଏବେ
ସମ୍ପୂର୍ଣ୍ଣରୂପେ ମୃତ
ସ୍ୱପ୍ନ କଢ଼ାଇଛି ମୋତେ ବାଟ
ତୁମେ ଯଦି ନିର୍ବାଣ ପାଇବାକୁ ଚାହଁ
ଆସ
ମୋ ସାଥେ ସାଥେ ଆସ
ଶବ ହେବା ପୂର୍ବରୁ
ସାଥିହୋଇ କିଛି
ଲେଖାଲେଖି କରିବା ଆସ ।

କାଳ

ତୁମେ
ଆଲୋକ ନେବ ନା ଅନ୍ଧାର
ନିରବତା ନା କୋଳାହଳ
ଶୋଷ ନା ପାଣି ?

ଯଦି କହିପରିବ
ଏବେ ମୋତେ କୁହ
ମୋର
କେଉଁ କେଉଁ ଗୁଣମାନ ପାଇଁ
ତୁମେ ହସ କିମ୍ବା କାନ୍ଦ
ମୁଁ ଚହେଁ
ତୁମେ କେବଳ ହସୁଥାଅ
କାନ୍ଦିବାର କାରଣ
ଅଛି ଯଦି କିଛି
ମୋତେ ତୁରନ୍ତ ଜଣାଅ ।

ଦେଖ-
ଆଲୋକ କେମିତି ଧାରଣ କରିଛି
ଅନ୍ଧାରର ଭୃଣ
ଆଉ ସେ ଭୃଣ ଭିତରେ
ପୁଣି ଆଲୋକ ଯେ ଲୁକ୍‌ୟିତ

ଘନ କୃଷ୍ଣକାୟ ତା'ର ଦେହ
ହସକୁ ପ୍ରସବି ସେ
କାନ୍ଦକୁ କରୁଛି ଉଦରସ୍ଥ
ସେ ରାତ୍ରିର
କିଟିମିଟି ଅନ୍ଧାର ହେଉ ବା
ତୋଫା ଆଲୋକ
ଦିନ ଦ୍ୱିପ୍ରହରର ।

କିନ୍ତୁ
ପ୍ରସବିଲା ବେଳକୁ
କାହିଁକି ଲାଗୁଛି ତୁମକୁ
ଏତେ କଷ୍ଟ
ହସ ପାଇବା କ'ଣ
ସତରେ ଏତେ ସହଜ !

ପାଣି ପାଇଁ ନୁହେଁ
ତୁମ ଶୋଷ ପାଇଁ
ଧ୍ୟାନମଗ୍ନ ହୁଅ
ତେବେ ଯାଇଁ ସିନା
ବୁଝିପାରିବ କେବଳ
ତା'ର ମୂଲ ।

ନିରବତା ଏବେ ଭଙ୍ଗକର
ଦେଖିବ
କୋଳାହଳ ଭିତରେ ହିଁ
ତୁମେ କାନ୍ଦିବାର
ଖୁସି ପାଇବ ।

ବାଟ ଛାଡ
କାଳକୁ ଯଥାରିତି
ଯିବାକୁ ଦିଅ
ଆଲୋକ ନୁହେଁ
ଅନ୍ଧାର ପାଇଁ ତୁମେ
ଆବେଦନ କର

ନୂତନତା ଜନ୍ମୁଥାଉ
ଲହଡି ବାରବାର
ଗର୍ଜନ ଭାଙ୍ଗୁଥାଉ
ନିରବତା ଆବିର୍ଭାବ ହେଉଥାଉ
ତୁମେ ସାଗର ବକ୍ଷକୁ
ଟିକେ ନିରେଖି ଚାହଁ ।

■

ଜୀବନ

କେହି ଯଦି କେବେ ପଚାରନ୍ତି
'ଆରେ କେମିତି ଅଛ' ?
'ଖୁବ୍ ଖୁସିରେ ଅଛି' ବୋଲି
କହିବାକୁ ପଡ଼େ
ଏ ଜୀବନ ଏକ ନାଟକ ବନ୍ଧୁ
ପ୍ରତ୍ୟେକଙ୍କୁ କିଛି ଅଭିନୟ କରିବାକୁ ହୁଏ
ଦିଆସିଲିର ଆବଶ୍ୟକତା ପଡ଼େନାହିଁ
ଏଠିତ ମଣିଷ ମଣିଷଦ୍ୱାରା ହିଁ ଜଳେ ।

ଏ ଦୁନିଆରେ
ବୈଜ୍ଞାନିକମାନେ ଖୋଜି ଚାଲିଛନ୍ତି
'ମଙ୍ଗଳ ଗ୍ରହରେ ଜୀବନ ଅଛି କି ନାହିଁ'
କିନ୍ତୁ
'ଜୀବନରେ ଖୁସି ଅଛି କି ନାହିଁ
ତା କେହି କେବେହେଲେ ଖୋଜୁନାହିଁ' ।

'ନିଦ' ଆଉ 'ମୃତ୍ୟୁ' ମଧ୍ୟରେ
କି ଫରକ ଅଛି କହିଲ ?
କେହିଜଣେ ଖୁବ୍ ସୁନ୍ଦର ଉତ୍ତର ରଖିଥିଲେ
'ନିଦ୍ରା' ଅଧା ମୃତ୍ୟୁ ଆଉ
'ମୃତ୍ୟୁ' ସମ୍ପୂର୍ଣ୍ଣ ନିଦ୍ରା ବୋଲି କହିଥିଲେ ।

‘ଜୀବନ’ ତା ଅନୁସାରେ ଗତିକରେ
‘ଶବ’ କିନ୍ତୁ
ଅନ୍ୟମାନଙ୍କ ସହାୟତାରେ ହିଁ ଉଠିଥାଏ
ସକାଳ ପରେ ରାତି ଆସେ
ରାତି ଯାଏ ପୁଣି ସକାଳ ହୁଏ
ବୟସ ତ ଠିକ୍ ଏହିପରି ଗଡ଼ିଚାଲିଥାଏ ବନ୍ଧୁ
ତା’ରି ଭିତରେ କିଏ କିଏ
କାନ୍ଦି କାନ୍ଦି ଖୁସି ଖୋଜୁଥାଏ ତ
ଆଉ କିଏ କିଏ
ହସି ହସି ଦୁଃଖ ଲୁଚାଉଥାଏ ।
‘ଭଗବାନଙ୍କର ଶକ୍ତି’ ବି କି ଚମତ୍କାର କିହଲ ?
ବଞ୍ଚିଥିବା ମଣିଷ ପାଣିରେ ବୁଡ଼େ
ଆଉ ମୃତ ଉପରେ ତାର ଭାସେ ।

ବାସ୍ ଏମିତି ସାରା ଜୀବନ ଆମର
ଜଣେ କଣ୍ଡକ୍ଟର ପରି ହୋଇଥାଏ
ଏ ଯାତ୍ରା ସବୁଦିନର ବନ୍ଧୁ
କିନ୍ତୁ ଆଶ୍ଚର୍ଯ୍ୟ
ଯିବାକୁ ଆମକୁ କେଉଁଠାକୁ ନଥାଏ ।

ଜୀବନର ପ୍ରତ୍ୟେକ ପ୍ରଶ୍ନକୁ ମୁଁ
ଅହର୍ନିଶ ଖୋଜି ଖୋଜି ଚାଲିଥାଏ
କିନ୍ତୁ ହଠାତ୍ ଦିନେ
ମୁଁ ମୋ କୋଠରୀରେ ପଶିଯିବା କ୍ଷଣି
ସବୁ ପ୍ରଶ୍ନର ଉତ୍ତର ଗୁଡ଼ିକ
ଆପେ ଆପେ ପାଇଯାଏ ।

ଛାତ କହି ଉଠେ
'ହେ ଜୀବନ ତୁ ଉଚ୍ଚ ଚିନ୍ତା ରଖ'
ପଙ୍ଖା କହେ
'ତୁ ଥଣ୍ଡାରେ ରହ'
ଘଣ୍ଟା କହେ
'ପ୍ରତ୍ୟେକ କ୍ଷଣ ତୋର ଖୁବ୍ ମୂଲ୍ୟବାନ'
ଦର୍ପଣ କହେ
'କିଛି କରିବା ପୂର୍ବରୁ ତୁ ନିଜକୁ ପରଖିନେ'
ଝରକା କହେ
'ଦୁନିଆକୁ ଟିକେ ଦେଖି ନେ'
କ୍ୟାଲେଣ୍ଡର କହେ
'ଅପ୍‌ଟୁଡେଟ୍ ରହ'
ଆଉ କବାଟ କହେ
'ନିଜ ଲକ୍ଷ୍ୟକୁ ହାସଲ କରିବାକୁ
ନିଜର ସମସ୍ତ ସାମର୍ଥ୍ୟ ତୁ ଲଗାଇଦେ' ।
ଭାଗ୍ୟରେଖା ବି କି ଅଜବ ଦେଖୁନ ବନ୍ଧୁ
କପାଳରେ ଟାଣି ହୋଇଯାଇଥାଏ ତ
ଭବିଷ୍ୟତ ତିଆରି କରିଦିଏ
ମାଟି ଉପରେ ଟାଣି ହୋଇଯାଇଥାଏ ତ
ସୀମା ନିର୍ଦ୍ଧାରଣ କରିଦିଏ
ଗାତ ଭିତରେ ଟାଣି ହୋଇଯାଇଥାଏ ତ
ରକ୍ତ ବାହାର କରିଦିଏ
ଆଉ ସମ୍ପର୍କ ମଧ୍ୟରେ ଟାଣି ହୋଇଯାଇଥାଏ ତ
ଫାଟ ସୃଷ୍ଟି କରିଦିଏ ।

ଗୋଟିଏ ଟଙ୍କିକିଆ ମୁଦ୍ରା କେବେହେଲେ
ଏକଲକ୍ଷ ହୋଇ ନଥାଏ
କିନ୍ତୁ 'ଗୋଟିଏ ମୁଦ୍ରା' ଏକ ଲକ୍ଷରୁ ବାହାରିଯାଏ ତ
'ସେ ଏକଲକ୍ଷ' ଆଉ

'ଏକଲକ୍ଷ' ହୋଇ ରହିପାରେ ନାହିଁ
"ମୁଁ" ଆଉ "ତୁମେ"
ଏକଲକ୍ଷ ବନ୍ଧୁମାନଙ୍କ ମଧ୍ୟରୁ
ସେଇ ଗୋଟିଏ ଗୋଟିଏ ଟଙ୍କିକିଆ ମୁଦ୍ରା ବନ୍ଧୁ
ତାକୁ ସମ୍ଭାଳି ରଖିବା ହିଁ ଶ୍ରେୟ
ଆଉ ସବୁ ମିଛ ଲାଳସା
ଛନ୍ଦ, କପଟ, ଅହଂକାର ବା ଚାଲାଖିର
କାର୍ଯ୍ୟ ହୋଇଥାଏ।

■

ଟିପ୍ପଣୀ:- ମୁଖବନ୍ଧ ଦେଖନ୍ତୁ

ଗଛ

ମୁଁ
କେବେହେଲେ ବ୍ୟବଚ୍ଛେଦ
କରିନି ତୁମକୁ କି
ଚଲାଇନି ଦେହ ଉପରେ
ତୁମର ରଞ୍ଜା
କିନ୍ତୁ
ତୁମେ ଯେତେବେଳେ
ବ୍ୟବଚ୍ଛେଦ ହେବାକୁ
ଲାଗିଲ ନିଜେ ନିଜେ
ତୁମ ମୁଣ୍ଡ ଉପରେ
ଝୁଲିଲା ସାଲାଇନ୍ ବୋତଲ ।

ନା ଶୁଭୁଥିଲା ସେତେବେଳେ
ଛାତିରୁ ତୁମର
ଦୁକ୍ ଦୁକ୍ ଶବ୍ଦ
ନା ରକ୍ତରେ ଥିଲା ଉଷ୍ଣତା
ମୁଁ ଏବେ
ତୁମ ପାଇଁ ଖଟ ପଲଙ୍କ
କବାଟ ଝରକା
ଟେବୁଲ ଚଉକି
ଅବା କୌଣସି ସଉକିନ୍ ସାମଗ୍ରୀର

ଏକ ଅମୁଲ୍ୟ ସମ୍ପଦ
କିନ୍ତୁ ତୁମେ
ହାରିଛ କେତେ
ଜିତିଛ କେତେ
ଟିକେ ମୋ
ଶୁଖା କାଠ ଗଣ୍ଡିମାନଙ୍କୁ
ପଚାରି ଦେଖ।

■

ପାରିବତ ଫେରାଇ ଦିଅ ମୋତେ ମୋ ପାରିବାପଣ

ଶୁଣ, ଶୁଣ, ଶୁଣ
ଶକୁନି ଏବେ ବି ଜୀବିତ
ଉପରେ କେବଳ ପାଉଁଶର ଭ୍ରମ
ଭିତରେ ଖୋଲିଛି ସେ
ପଶାକାଠିର ଦୋକାନ
ମୋତେ ଛାଡ଼ି
ଅଛି କି ଆଉ କାହାପାଖେ
ବିଦ୍ରୋହର ସ୍ୱର ?

ମୁଁ ଜିତିଛି ଖୁବ୍ କମ୍
ହାରିଛି ଅନେକ ଥର
କାହିଁକି ନା
ଘାରିଛି ମୋତେ ଭୟ
ବଞ୍ଚି ବଞ୍ଚାଇ ରଖିବାର
ତଥାପି ହସୁଛି
ମୋ ମାନସପଟକୁ ଥରେ ହେଲେ
ପଢ଼ିବାକୁ ଚେଷ୍ଟାକର ।

ଏକାକୀ ଅଭିମନ୍ୟୁ ମୁଁ
କେତେବେଳେ ତୁମ ଚକ୍ରବ୍ୟୁହରେ
ବନ୍ଦୀ ତ
ଆଉ କେତେବେଳେ
ହୋଇଛି ମୁଁ ଆବଦ୍ଧ
ତଥାପି ହାରିନି
ବଞ୍ଚାଇ ରଖିଛି ଆଶା
ବଞ୍ଚି ବଞ୍ଚାଇ ରଖିବାର ।

ତୁମେ କ'ଣ ଜାଣିନ ?
ସର୍ବଶେଷେ ଅବଶ୍ୟ
କୌରବ ହୋଇଥିଲେ ହତ
ଶହେ ପରାସ୍ତ ପରେ ଯାଇଁ
ଯୁଧିଷ୍ଠିର ଜିତିଥିଲେ ଯୁଦ୍ଧ
ଦେଖ
ଏବେ ମୁଁ ପ୍ରତ୍ୟାଖ୍ୟାନ କରୁଛି
ତୁମ ଟଙ୍କିକିଆ ଚଉଳ
ପାରିବ ତ
ମୋତେ ମୋ ପାରିବାପଣ
ଫେରାଇଦିଅ

■

ଖୋଳପା

କୁହୁଳା ପୃଥିବୀ
ପୃଥିବୀ ଭିତରେ ସ୍ୱାଧୀନ ଆମର ଦେଶ
ଦେଶଟା ତ ଆମ ଖୋଳପାରେ ପୂର୍ଣ୍ଣ
ଖୋଳପା ଭିତରେ ତୁମରି ଆମରି ମୁଣ୍ଡ
ମୁଣ୍ଡ ଭିତରଟା ମ୍ୟାଗେଜିନ୍ ଭରା
ମ୍ୟାଗେଜିନ୍ ବକ୍ଷେ ପୁରିକି ରହିଛି
ଭେଳିକି ଭେଳି
ଗୁଳି ଅବା ଗୋଳାବାରୁଦ ।

ସତୁରୀ ବର୍ଷର ତ୍ରିରଙ୍ଗା
ଖୋଳପାର ବୟସ ବି ସେଇ ସତୁରୀ
ତ୍ରିରଙ୍ଗା ଫରଫର ଉଡୁଥାଏ
ଗାନ୍ଧୀବାଦକୁ ଖେଳାଉଥାଏ
ଏଣେ
ଖୋଳପା ଉପରେ ପରଳ
ପଡ଼ିପଡ଼ି ଚାଲିଥାଏ
ସେ ଦୁର୍ବୋଧ୍ୟରୁ ଦୁର୍ବୋଧ୍ୟତର
ହୋଇଚାଲିଥାଏ ।

ତୁମ ଖୋଳପା ଭିତରୁ
ତୁମେ ଦିନେ ଦିନେ

ମୋ ଆଡ଼କୁ ଉଣ୍ଡ
ମୁରୁକି ମୁରୁକି ବି ହସ
ତୁମ ସ୍ଥିତିପାଇଁ
ମୋ ଜୀବନ ସହଜ ହେବାର ଆଶାନେଇ
ମୁଁ ବି ପାଲଟା ମୁରୁକା ହସ ଦିଏ
ଫଟ୍‌କିନା ତୁମେ ପଶିଯାଅ
ତୁମ ଖୋଳପା ଭିତରେ
ଆଉ ମୁଁ ବି ପଶିଯାଏ
ମୋ ଖୋଳପା ଭିତରେ
ନା ତୁମେ ମୋତେ ବୁଝିପାର
ନା ମୁଁ ତୁମକୁ ବୁଝିପାରେ ।
ବେଳେବେଳେ ଶବ୍ଦହୁଏ ତୁମପଟୁ
ମୋ ପଟୁ, ଏପଟୁ, ସେପଟୁ, ଚାରିପଟୁ
ସେ ଶବଦ କିନ୍ତୁ ନିସ୍ତବ୍‌ଧତାର ଶବଦ
ତଥାପି କର୍ଣ୍ଣକୁହର ଫାଟେ
କାନମୁଣ୍ଡା ତାବ୍‌ଦା ହୁଏ
ନିଦ ହଜିଯାଏ
ରକ୍ତଚାପର ଢେଉମାନ ଆକାଶ ଛୁଏଁ
ଅସମୟରେ କଷ୍ଟସଞ୍ଚିତ ଧନଗୁଡ଼ାକ
ବାଷ୍ପ ହୋଇଯାଏ
ମାଫିଆମାନଙ୍କ ଡାକ୍ତରଖାନାରେ ।

ତୁମ ଗୁଳିଫୁଟିଲେ
ଫଣାଟେକା ନାଗସାପଟାଏ ପଶିପାରେ
ଝରକା ଫାଙ୍କବାଟ ଦେଇ
ପଡ଼ିଶାଘରର ଶୟନକକ୍ଷ ଭିତରେ
ଆଉ
ତାଙ୍କ କମାଣ ଗର୍ଜିଲେ
ମାସକର ମଳ ଏକାଠିହୁଏ

ଗୋଟାଏ ମାଟିହାଣ୍ଡି ଭିତରେ
ଫୁଟେ ସିଏ ଢ଼ୋ କିନା
ଠିକ୍ ଭୋର୍‌ରୁ ଭୋର୍‌ରୁ
ତୁମ ଫାଟକ ସାମ୍‌ନାରେ ।

ପୁଣି ତୁମ ମ୍ୟାଗେଜିନ୍ ଖୋଲେ
ନୂଆଗୋଟେ ଗୁଳି ଫୁଟେ
ଅସମୟରେ ତାଙ୍କ ଗାଡ଼ିଚକରୁ
ପବନ ଫୁସୁକେ
ପ୍ରତିବାଦର ଗୁଳି ସେପଟୁ ବି ଫୁଟେ
ତୁମ ନାମରେ କେତେବେଳେ
ବେନାମୀପଡ଼େ ତ ଆଉକେତେବେଳେ
ତୁମ ଘରଟା
ହୁତୁହୁତୁ ହୋଇ ଜଳିଉଠେ
ସେ ନିଆଁକୁ
ସେ ନିଜେ ହିଁ ଲିଭାନ୍ତି
ପଡ଼ିଶାମାନଙ୍କ ସାଙ୍ଗେ ଅଣ୍ଟାଭିଡ଼ି
ବାଲ୍‌ଟିକୁ ବାଲ୍‌ଟି ପାଣି ବି ଢାଳନ୍ତି
ନା ତୁମେ ବୁଝିପାର
ତାଙ୍କ ଚକ୍ରବ୍ୟୁହକୁ
ନା ସେ ବୁଝିପାରନ୍ତି
ତୁମ ଖୋଳପା ତଳର
ଦୁର୍ଯ୍ୟୋଧନକୁ
ନା ଆମେ କେହିହେଲେ ବି
ଆଜିଯାଏଁ ବୁଝିପାରିଲେଣି ଗାନ୍ଧୀଙ୍କୁ
ନା ଗାନ୍ଧୀବାଦକୁ
ନା ଅହିଂସାମାର୍ଗକୁ
ନା ଆମ ତ୍ରିରଙ୍ଗା ପତାକାର
ମଉନ ଭାଷାକୁ ।

■

ଅନ୍ତଃସ୍ଵର

ଯା, ଯା'ରେ ପକ୍ଷୀ ତୁ ଉଡ଼ିଯା
ଏବେ ଉନ୍ମୁକ୍ତ କରିଦେଲି ମୁଁ
ତୋ ପଞ୍ଜୁରୀର ଫାଟ
ମୋତେ ତୁ ଭୁଲିଯା
ଯା, ଯା'ରେ ପକ୍ଷୀ ତୁ ଉଡ଼ିଯା ।
ତୋ ବିହୁନେ ମୁକ୍ତାକାଶ
ବୋଧହୁଏ ଉଦାସୀ ହୋଇଛି
ସତେ କି ବନିଛି ସେ
ବିଧୁରା କହ୍ନେଇର ମାଆ
ଯା, ଯା'ରେ ପକ୍ଷୀ ତୁ ଉଡ଼ିଯା
ମୋତେ ତୁ ଭୁଲିଯା ।
ଯେତେ ଉଚ୍ଚକୁ ଉଡ଼ିପାରିବୁ ତୁ
ଉଡ଼ିବୁ
ତେବେ ଯାଇ ପାଇବୁ ତୁ
ତୋ ପୃଥିବୀର ଦିଗ୍‌ବଳୟକୁ
ଯେଉଁ ଦିଗେ ଇଚ୍ଛା ହେବ
ସେ ଦିଗେ ଉଡ଼ାଣ ମାରିବୁ
କଦମ୍ବ ଅବା ଆମ୍ବ ତୋଟା ମାଳେ
ବସା ବି ବାନ୍ଧିବୁ
ସାତ ସମୁଦ୍ର, ତେର ନଈ
ଲଙ୍ଘିଯିବାପାଇଁ ପାଇଛୁ ପରା

ତୁ ତୋ ଡେଣା
ଯା, ଯା'ରେ ପକ୍ଷୀ ତୁ ଉଡ଼ିଯା
ମୋତେ ତୁ ଭୁଲିଯା ।

ଏଠି ଏବେ ଗାଁ ଗାଁରେ ଚଡ଼କ
ଜିଅନ୍ତା ଶବମାନଙ୍କ ମଡ଼କ
ବାପାବୋଉ ଅନାୟାସେ
ବୃଦ୍ଧାଶ୍ରମେ ବନ୍ଧା
କେତେବେଳେ ପିତା ହରାଏ ବାକ୍‌ଶକ୍ତି ତ
ମାତା ଚକ୍ଷୁ ଶୁଖିଯାଏ
ଶ୍ରାବଣର ସ୍ରୋତ
ତୁ କାହିଁକି ଗଡ଼ାଉଛୁ ଆମପାଇଁ
ଖାଲି ଲୁହ ପରେ ଲୁହ ?
ହେଲେ
ଉଡ଼ାଣ ମାରିବା ପୂର୍ବରୁ
ଖାଲି ଏତିକି କହିଯା-
ତୁ ତ ଆକାଶେ ଉଡ଼ିବାର କଥା
କିନ୍ତୁ
କେଉଁଠୁ ଶିଖିଲୁ ତୁ
ମଣିଷକୁ ଏମିତି
ପୀରତି କରିବା ?
ଯା, ଯା'ରେ ପକ୍ଷୀ ତୁ ଉଡ଼ିଯା
ମୋତେ ତୁ ଭୁଲିଯା ।
ରେ ପକ୍ଷୀ !
କାରାଗାରୁ ପ୍ରାଣମୋର ମୁକ୍ତ ହେବା କ୍ଷଣି
ଆମେ ଦୁହେଁ ସାଥିହୋଇ
ମୁକ୍ତାକାଶେ ଉଡ଼ାଣ ମାରିବା
ଚନ୍ଦ୍ରକୁ ଛୁଇଁବା
ତାରାକୁ ଛୁଇଁବା

ଦେଖିବା ବି ସ୍ୱଚକ୍ଷୁରେ
ସୂର୍ଯ୍ୟଙ୍କର ଉଦୟ ଆଉ
ଘର ବାହୁଡ଼ାର ଯାତ୍ରା।
ମଣିଷ ଜନ୍ମପାଇଁ
ଆଉ ମନ ତୁ ବଳାନା
ଜନ୍ମ ପରେ ଜନ୍ମ
ଅନନ୍ତ ଜନ୍ମ ପର୍ଯ୍ୟନ୍ତ
ତୁ କେବଳ ସେଇ
ପକ୍ଷୀ ହୋଇ ଜନ୍ମୁଥା
ଯା, ଯା'ରେ ପକ୍ଷୀ ତୁ ଉଡ଼ିଯା
ମୋତେ ତୁ ଭୁଲିଯା।

ସିଗାରେଟ୍

ମାତ୍ର
ସାତ ମିନିଟ୍‌ର ଜୀବନକାଳ ତା'ର
ଧୂଆଁ ଧରିବା ସମୟଠୁ
ଲିଭିବା ପର୍ଯ୍ୟନ୍ତ
ମୁଁ କିନ୍ତୁ ବଞ୍ଚିରହେ
ଦୀର୍ଘ ସତୁରୀ ବର୍ଷ
ଅନ୍ତୁଡ଼ିଶାଳରୁ ଜୁଇରେ ଚଢ଼ିବା ପର୍ଯ୍ୟନ୍ତ ।

ଖୁବ୍ ଲମ୍ବା ଜୀବନକାଳ ମୋର
ମରିବାଟା
କାହିଁ କେତେ ଦୂରରେ ଥିବାର ମନେହୁଏ
ସେଇଥିପାଇଁ
ଆଜି ନ ଖାଇ କାଲିପାଇଁ
ସବୁ ସମ୍ପତ୍ତି ଖାଲି ଠୁଳ କରିବାରେ
ମୋର ସବୁତକ ସମୟ ନିଇତି ଯାଏ ।

ତା'ର ଜୀବନକାଳ ଖସେ
ଖଣ୍ଡ ଖଣ୍ଡ ହୋଇ
ମୋର ବି ଜୀବନକାଳ ଖସେ
ସେଇ ଖଣ୍ଡ ଖଣ୍ଡ ହୋଇ

ତା'ଠୁ
ଛୋଟବଡ଼ ପାଉଁଶ ଖଣ୍ଡମାନ ଛିଣ୍ଡେ
ମୋ'ଠୁ
ଛୋଟ ବଡ଼ ଅବସ୍ଥାଖଣ୍ଡମାନ ଛିଣ୍ଡେ
ତା' ସମୟ ଖସି ଖସି ଚାଲେ
ସେ ସରି ସରି ଯାଏ
ମୋ ସମୟ ବି ସେଇ ଖସି ଖସି ଚାଲେ
କିନ୍ତୁ
ମୁଁ ଯେତେଯେତେ ବଢୁଥାଏ
ସେତେସେତେ ଛିଣ୍ଡୁଥାଏ ।

ଭୂଇଁ ଧରିବା ଦିନଠୁ
ମା କୋଳରୁ ଉତୁରିବା ପର୍ଯ୍ୟନ୍ତ
ମୋର ପ୍ରଥମ ଖଣ୍ଡ ଜୀବନର
ଅନ୍ତ ଘଟେ
ଦ୍ୱିତୀୟ ଖଣ୍ଡିଟା ଆରମ୍ଭ ହୁଏ
ଲଙ୍ଗଳା ହେବାକୁ ଲାଜଲାଗିବା ଦିନଠୁ
ସରେ ଯାଇଁ
ମୁଁ ବେଦୀରେ ବସିଲା ଦିନ ।
ତୃତୀୟ ଖଣ୍ଡିଟା ଆରମ୍ଭ ହୁଏ
ବାପା ହେବାର ସ୍ୱାଦ ଚାଖିବା ଦିନଠୁ
ଆଉ ପଟ୍‌କିନା ଝଡ଼ିପଡ଼େ
ଠିକ୍ ଜେଜେଡାକ ଶୁଣିଲା ଦିନ
ଶେଷ ଖଣ୍ଡିଟାର ଜୀବନ
ପ୍ରାୟ ନ ଥାଏ କହିଲେ ଚଳେ
ସିଗାରେଟ୍ ଗଣ୍ଡିଟା ଭଳି
ସେ ଖାଲି ଏଠି ସେଠି ପଡ଼ି ରହୁଥାଏ
କାହା କାହା ପାଦତଳେ

ଚିପି ହୋଇଯାଉଥାଏ ତ
ଆଉ କାହାକାହା ପାଦତଳେ
ଘୋଷାଡ଼ି ହୋଇଯାଉଥାଏ ।

ଏ କଥାଟା ଭାବୁଭାବୁ
ହଠାତ୍ ନିଆଁଚେଙ୍କ ଆସି
ମୋ ଆଙ୍ଗୁଠି ସନ୍ଧାରେ ଲାଗେ
ସିଗାରେଟ୍‌ଟା
ଗୋଟାଏ ଜୀଅନ୍ତା ମଣିଷଟେ ପରି କହେ
ମୋ ଜୀବନକାଳ ଏବେ ଶେଷହେଲା
ଆରେ ଭାଇ
ତତେ ବୋଧେ ଆଜି ନିଶ୍ଚେ
ସତୁରୀବର୍ଷ ପୂର୍ଣ୍ଣ ହେଲା
ତତ୍‌କ୍ଷଣାତ୍ ମୁଁ ଚମକି ଉଠେ
ମୋ ଶୁଖାଗଣ୍ଡିଟା ଝଡ଼ିପଡ଼େ
ପିଣ୍ଡା ଉପରୁ ମୁଁ ଟଳିପଡ଼େ
ମାଟି ଉପରକୁ
ଆଉ
ସିଗାରେଟ୍ ଗଣ୍ଡିଟା ଲାଖି ରହିଯାଏ
ଦୁଇ ମଲା ଆଙ୍ଗୁଠିର
ସନ୍ଧା ଭିତରେ ।

ତା ଶେଷ ଧୂଆଁଟା
ମୋତେ ପାଉଁଶ କରିବାକୁ
ଯଥେଷ୍ଟ ହୁଏ
ମୁଁ ମାଟିରେ ମିଶେ
ସେ ବି ମୋ ସାଙ୍ଗେ
ମାଟିରେ ମିଶେ
ସଜୀବ ହେଉ ବା ନିର୍ଜୀବ

ପ୍ରତ୍ୟେକ କ୍ଷଣରେ
ସେ ତ କେବଳ ସରି ସରି ହିଁ ଯାଉଥାଏ
କିନ୍ତୁ
ପ୍ରତ୍ୟେକ କ୍ଷଣର ମୋ ବଢ଼ିବା ପଣରେ ଯେ
ମୋ ଜୀବନଟା
ଶ୍ମଶାନ ଆଡ଼କୁ ଆଗେଇ ଆଗେଇ ଚାଲିଥାଏ
ତା ବୋଧେ ମୋତେ
ଅଜଣା ରହିଥାଏ ।

■

ଆଦିଭୂମିର ନିଶବ୍ଦ ଆର୍ତ୍ତନାଦ

ହେ ବେପାରୀମାନେ
ଦେଇଦିଅ ମୋତେ
ପୂର୍ଣ୍ଣ ମୃତ୍ୟୁ
ଅଥବା
ତୁମେ ବୋଧେ ଆଉ
ଦଂଶି ପାରିବନି ମୋ ମାଟି କି
ବିଷାକ୍ତ କରିପାରିବନି ମୋ ପାଣି
କ୍ଷତାକ୍ତ କରିପାରିବନି ମୋ ପାହାଡଜଙ୍ଗଲ କି
ଦୂଷିତ କରିପାରିବନି ମୋ ଆକାଶ
ଏଠି ପରା ଅଛନ୍ତି
କାହିଁ କେତେ କାଳରୁ
ଆମ ପୂର୍ବଜମାନଙ୍କ
ଭୂତ ଆଉ ପ୍ରେତ
ଦେଖ
ଦିଶାରି ଏବେ ମନ୍ତ୍ର ପାଠରେ ନିମଗ୍ନ
କୁହ
କେଉଁଠୁ ଆଣିବି ବଳି ପାଇଁ
ବଳଦ କି ପୋଢ଼ ?

ଫେରାଇନିଅ ତୁମ ଜେସିବି
ବନ୍ଦ କର ତୁମ ଡିନାମାଇଟିର ଶବ୍ଦ
ଦରକାର ନାହିଁ ମୋର ରାଜମୁକୁଟ
ମୁଁ ପରା ଜଣେ
ଆଦିକାଳର
ନିରକ୍ଷର ଆଦିମାନବ
ମୋତେ ମୋ ଜାଗାରେ ହିଁ
ମରିବାକୁ ଦିଅ।

ଏ ଘାଟ ଭିତରେ ଅଛନ୍ତି
ମୋ ଆରାଧ୍ୟ ଦେବତା
ଦଶଦିଗପାଳ ପାଟଖଣ୍ଡା
ମୋ ପିଲା ଦିନର
ଲଙ୍ଗଳା ସମୟ
ଆମ୍ବ କୋଇଲି ପିଠାର ମହକ
କଇଁଆ ମଞ୍ଜିର ଜାଉ
ପଣସ ଗଛ ଅଠାରୁ
ପତଙ୍ଗ ଧରିବାର କୌଶଳ
ନାଚ ପାଇଁ ସଲପ ରସ
ଗୀତ ପାଇଁ ମଣ୍ଡଘର
ନଈ, ଚୂଆ, ଝରଣା
ଖୋଲା ପବନ, ନିଶବ୍ଦ ଆକାଶ ସାଥେ
ଥଣ୍ଡା ବାଦଲର ମନଛୁଆଁ ସ୍ପର୍ଶ
ମୋ ପୁଅର ମାମୁଁ ଘର,
ପ୍ରାଣ ସାଥି କରାଗତ ପାଇଁ
ବାଘୁଆ ପଦଚଲା ପଥ
ଆଉ ମନେରଖ

ଯୁଦ୍ଧପାଇଁ ବି
ଟାଙ୍ଗିଆ, ବର୍ଚ୍ଛା, ଧନୁତୀର ସାଥେ
ମହୁଲ ଗଛର ପାଚିଲା ଫୁଲ।

ଏ ହିଁ ମୋ ସହର
ମୋ ଗାଁ, ମୋ ପୃଥିବୀ, ମୋ ଦେଶ
ଫେରାଇନିଅ ତୁମ ଜେସିବି
ବନ୍ଦକର ଡିନାମାଇଟିର ଶବ୍ଦ
ମୁଁ ଜଣେ
ଆଦିମ କାଳର ଆଦିମାନବ
ମୋତେ ମୋ ଜାଗାରେ ହିଁ
ମରିବାକୁ ଦିଅ।

ଖୁସିଖୋଜା

ତୁମେ ମାଗିଥିଲ
ଅସୁମାରି ସ୍ୱପ୍ନ
ଦେଇ ତ ପାରିନି ଏକ
ନେଇଯାଅ ତୁମେ
ଦେଇଦେଲି ମୁହିଁ
ମୋ ପାଦତଳୁ ମାଟିତକ ।

ତୁମେ ମାଗିଥିଲ
କୋହିନୂର ହୀରା
ରକତ ମୁଁ ବାହିଦେଲି
ତଥାପି ଜିତିନି
ଦେଇଦେଲି ମୁହିଁ
ନେଇଯାଅ ତୁମେ
ମୋ ଶେଷ ସ୍ପନ୍ଦନ ଟିକ ।

ତୁମେ ମାଗିଥିଲ
ସାଗରର ମୀନ
ଧରି ତ ପାରିଲି ନାହିଁ
ଆକତା ମାକତା
ସାଗର ଗର୍ଭରେ
ନେଇଯାଅ ତୁମେ

ଦେଇଦେଲି ମୁହିଁ
ମୋ ଜିଇଁବାର ଜ୍ଞାନତକ ।

କଥାଥିଲା ଆମ
ହାତପାଇଁଟା କେବଳ
କିନ୍ତୁ
ମନଟା ତ ଦେଇଦେଲି
ଶରୀର ମୋହର
ଅକାଳେ ଅବଶ
ନେଇଯାଅ ତୁମେ
ବାଢ଼ିଦେଲି ମୁହିଁ
ମୋ ଶେଷ ଆୟୁଷତକ ।
ଦେଖ
ପାଇଲିନି ମୁହିଁ
ଖୁସି ଖୋଜି ଖୋଜିଯ
ତୁମେ ବଞ୍ଚିରୁହ
ଆଉକିଛି ଦିନ
ଅପେକ୍ଷା କରୁଛି
ଖବର ନିଶ୍ଚୟ
ପ୍ରେରଣ କରିବ
ଯଦି
'ଖୁସି' ତୁମେ ପାଇଯିବ ।

ଅକର୍ମା ଉବାଚ

‘ଭାଗ୍ୟ’
ଏପରି ଏକ କାମେକା ଶବ୍ଦ
ଜଣେ ଅକର୍ମାର ବୋଧେ ସେ
ପ୍ରାଣାଧିକ ପ୍ରିୟ
ଧସାଇ ଆଣେ ସେ ବାରବାର ତାକୁ
ଠିଆକରେ ବାପା ବୋଉଙ୍କ ଆଗରେ
ନିଜେ ନିଜକୁ
‘ଶାନ୍ତିର ଇନ୍ଧନ’ ମୁହାଁଏଁ
ଯୁକ୍ତି ବାଢ଼େ
ଆଉ ‘ଭାଗ୍ୟରେ’ ନ ଥିଲେ
କାହାର କ’ଣ କିଛି
କାର୍ଯ୍ୟ ସାଧିତ ହୁଏ ?
ତୁମେ ଧର୍ଯ୍ୟଧର
ମୋତେ ଟିକେ ଏବେ
ଶାନ୍ତିରେ ‘ଶୋଇବାକୁ’ ଦିଅ
ଦେଖିବ
ମୋ ଭାଗ୍ୟରେ ଥିଲେ
ତୁମେ ଦୁଇଜଣ ଯାକ
ନିଶ୍ଚେ ହସିବ ।

■

ମୋତେ ଜଣେ ହେଲେ ବି ଶତ୍ରୁ ଦିଅ

ହେ ପ୍ରଭୁ
ଆଉ କଳବଳ କରନି
ମାତ୍ର ଗୋଟିଏ ହେଲେ ବି
ଦେଇଦିଅ ମୋତେ ଶତ୍ରୁ
କରୁ ସେ ମୋତେ
ବାରବାର ତା' ବାକ୍ୟବାଣେ ଆଘାତ
କିମ୍ବା
ଦୌଡ଼ିଆସୁ କରିବାକୁ ମୋତେ ରକ୍ତାକ୍ତ –
ଜାଗ୍ରତ ହୋଇଯାଉ
ମୋ ପାରିବାପଣ
ଚଢ଼ିଯାଏ ମୁଁ
ପର୍ବତ ପରେ ପର୍ବତ
ଆବିଷ୍କାର କରିଦିଏ ଆଲୋକ
ହେ ପ୍ରଭୁ
ଶତ୍ରୁହୀନ ଜୀବନ କ'ଣ
ସତରେ ଗୋଟାଏ ଜୀବନ !

ଘଣ୍ଟି

ଏ ଜମ୍ବୁରେ
ଶୁଣରେ, ଶୁଣରେ, ଶୁଣ
ଶୁଣରେ, ଶୁଣରେ, ଶୁଣ
ମୁଁ ଜାଣିଛି, ତୁମେ ଜାଣିଛ
କ୍ରାନ୍ତିର ମଞ୍ଜି କିଏ ପୋତିଛି
ଚକ୍ରବାଳରୁ ଦୁନ୍ଦୁଭିନାଦ ତା
ଧିମି ଧିମି ହୋଇ
ଭାସି ଆସୁଛି
ତାଙ୍କ ଆଦେଶ ଅଛି
ପୁଡିଆ ଉପରେ
ନାଲି ରଙ୍ଗରେ ମୁଁ
'ଗୁଟ୍‌କା ଖାଇବା
ସ୍ୱାସ୍ଥ୍ୟ ପକ୍ଷରେ
କ୍ଷତିକାରକ' ଯେ
ଲେଖି ସାରିଛି
ମୋ କାମ ସରିଛି
ସାବଧାନ
ଘଣ୍ଟି ଏବେ ବାଜି ଉଠିଛି ।

ମୁର୍ଦ୍ଦାର ଆଜି
ଅଧାମାନବ ସମାଜ

"ଯିଏ" ମଞ୍ଚି ପୋତିଛି
"ସିଏ" କୁମ୍ଭୀର ପରି
ଆଖି ବୁଜିଦେଇ
'ଇନ୍ଧନ' ଖାଲି
ମୁହାଁଇ ଚାଲିଛି
ଏବେ ମୁଁ
ଦୂର ଦିଗ୍‌ବଳୟରୁ
କୁହୁଳା କ୍ରାନ୍ତିର
ଧିମା ଧିମା ଡ଼ାକ
ସ୍ପଷ୍ଟ ଭାବରେ ଶୁଣିପାରୁଛି
ମୋ କାମ ସରିଛି
ସାବଧାନ
ଘଣ୍ଟି ଏବେ ବାଜି ଉଠିଛି ।

ସମ୍ବିଧାନରେ ଲେଖା ଯେ ଅଛି
ରାଷ୍ଟ୍ର ଆମର ମଙ୍ଗଳକାରୀ
କିନ୍ତୁ
ତୁମ ଛାତି ପୋଡୁଥିଲେ
ତାଙ୍କ ପେଟ ପୂରୁଥିବ
ଆଦେଶ ଅଛି
ଖୋଳ ଉପରେ
ନାଲି ରଙ୍ଗରେ ମୁଁ
'ଧୂମ୍ର ଆଉ ମଦ୍ୟପାନ
ସ୍ୱାସ୍ଥ୍ୟପକ୍ଷେ କ୍ଷତିକାରକ' ଯେ
ଲେଖି ସାରିଛି
ମୋ କାମ ସରିଛି
ସାବଧାନ
ଘଣ୍ଟି ଏବେ ବାଜି ଉଠିଛି ।

ମୋ ପରିଧିର ପୃଥିବୀ

(୧)

ଗଡ଼ ସେ ଅତିବ ସୁନ୍ଦର
ସେ ଗଡ଼ ଭିତରର ଗଡ଼
ନାଁ ତା'ର ସୁନ୍ଦରଗଡ଼ ।

ଏ ମାଟିର ବାସ୍ନା ଭିତରେ
ଏ ପାଣିର ଶୀତଳତା ଭିତରେ
ଏ ପବନର ମାଦକତା ଭିତରେ
ମୋ ଚପଳ ବଅସର
ଅନ୍ତୁଡ଼ିଶାଳ ବିତିଛି ।

ମୋ ବାଲିଘର ସେ
ମୋ ଖେଳପଡ଼ିଆ ବି ସେ
ମୋ ବଣଭୋଜିର ଫଲ୍‌ଗୁ ସେ
ମୋ ଗଣେଶ୍ୱରଙ୍କ ପୂଜାମେଢ଼ ବି ସେ
ମୋ ସାଙ୍ଗସାଥି ମେଳର ଗୋଧୂଳି ବେଳା ସେ
ମୋ ପାଠଶାଳା ବି ସେ
ମୋ ମେରୁଦଣ୍ଡ ସେ
ମୋ ପରିଧିର
ଅକ୍ଷ ବି ସେ, ବକ୍ଷ ବି ସେ
ପୃଥିବୀ ବି ସେ ।

(୨)

ଦୀର୍ଘ ଚାରିଦଶନ୍ଧି ଧରି
ମୁଁ ମୋ ପରିଧିର ପୃଥିବୀକୁ ଖୋଜି ବୁଲୁଛି
ଗଡ଼କୁ ଗଡ଼ ଯାଇଛି
ଅନେକ ଗଡ଼ ବୁଲିଛି
ମୋ ଗଡ଼ - ସୁନ୍ଦରଗଡ଼ କିନ୍ତୁ
'ଗଡ଼ମାନଙ୍କର ମଣି, ଗଡ଼ମଣି ସେ'
ମୋ ପ୍ରକଳ୍ପର ନିର୍ଯ୍ୟାସ ଏହାହିଁ ଆସିଛି
ମୋ ପାଇଁ ଏ ମାଟି-ମା'
ମୋ ଭାତହାଣ୍ଡି ବନିଛି ।

ଏ ମୋର ମାଟି
ଏ ମାଟିର ରକ୍ତ ଅଛି
ଅତଏବ
ଜୀବନ ବି ଅଛି
ମୋର ଆତ୍ମା କାହିଁକି ଏହାହିଁ କହୁଛି
ସେଇଥିପାଇଁ ତ ଏ ରକ୍ତ
ତା ରକ୍ତକୁ ବାରବାର
ତା ବକ୍ଷକୁ ମୋତେ ଟାଣି ଆଣିଛି ।

ଯେତେବେଳେ ବି ମୁଁ ଆସିଛି
ପଡ଼ାକୁ ପଡ଼ା ବୁଲିଛି
ମୋ ଖେଳପଡ଼ିଆକୁ ଯାଇଛି
ମୋ ରାଜପୁରୀକୁ ଦେଖିଛି
ମୋ ଜଗତର ନାଥ ଜଗନ୍ନାଥଙ୍କ ପ୍ରାଙ୍ଗଣ ବୁଲିଛି
ରଙ୍ଗାଡିପାର
ଦୂର୍ଗାଙ୍କ ପୂଜାମଣ୍ଡପକୁ ପ୍ରଣାମ କରିଛି
ମୋ ବିଦ୍ୟାଳୟର ପିଣ୍ଡାରେ ବସିଛି
ମୋ ଗୁରୁମାନଙ୍କ ପାଦ ବି ଛୁଇଁଛି ।

ମୋ ମହାବିଦ୍ୟାଳୟ ବଟବୃକ୍ଷର ଶୀତଳ ଛାୟା ପାଇଁ
ମନ ମୋ ବ୍ୟାକୁଳ ହୋଇଛି
ବେଳେବେଳେ ମୋ ନଦୀ
ଇବ୍‌ନଦୀର ବାଲୁକା ଶଯ୍ୟା ଭିତରୁ
ଉଙ୍କିମାରିଥିବା ଗଣ୍ଡଶଇଳ ଉପରୁ
ମୁଁ ମୋ ପିଲାଦିନର ଫୁଙ୍ଗୁଳାଦିନକୁ ଖୋଜିବସିଛି ।

ଏ ମାଟିର ବାସ୍ନାକୁ
ପ୍ରାରମ୍ଭ ଶ୍ରାବଣର ପ୍ରଥମ ବିନ୍ଦୁରୁ ମୁଁ ପାଇଛି
ଅଦିନିଆ ଝଡ଼ବର୍ଷାର ଆଗମନରେ
କରାବୃଷ୍ଟିର ଟକ୍‌ଟାକ୍ ଶବଦରୁ ପାଇଛି
ଖପରଛାତ ଉପରୁ ଛୋଟବଡ଼ ମେଘାସ୍ଥିମାନଙ୍କ
ଅମାନିଆଁ ଡିଆଁଡ଼େଇଁ ଖେଳଭିତରୁ ବି ପାଇଛି ।

ଏ ମାଟିର ବାସ୍ନାକୁ
ତା ଚାଉଳର ମହକରୁ ପାଇଛି
ପାତଲ୍‌ଘଣ୍ଟାର ସୁବାସରୁ ପାଇଚି
ବୁର୍, ମୁଗ୍‌ଫଳିର ସୌରଭରୁ ପାଇଛି
କେନ୍ଦୁପତ୍ର ଦନାରୁ ବି ପାଇଛି
ଆଉ ପକ୍ୱ କେନ୍ଦୁର
ମାଂସଳ ଶଶ ଭିତରୁ ବି ପାଇଛି ।
ଏବେ ବି କୁନି କୁନି ଡାଲ୍‌ଚନା
ଡାଳପତରର ମାନସିକ ସ୍ପର୍ଶରେ
ମନ ମୋ ଆତ୍ମହରା ହୋଇ ଉଠିଛି
ମୋ ସାଙ୍ଗସାଥିମାନଙ୍କ
ମଲ୍ଲିଫୁଲିଆ ହସ ସାଙ୍ଗକୁ
ତାଙ୍କ ମିଠା କଥାପଦକ
'ବହୁଦିନ ତୁମେ ନି ଆସି ହୋ ରମେଶ'

ମୋତେ ଉତ୍‌ଫୁଲିତ କରିଛି
ସାନମାନଙ୍କ 'ଜୁହାର ରମେଶ ଦା'
ମୋତେ ବିମୋହିତ କରିଛି
ବଡ଼ମାନଙ୍କ ଜିଜ୍ଞାସା
'ଆରେ କେନ୍ତା ଅଛ ହୋ ରମେଶ,
ସବୁ ଭଲ୍ ଭଲ୍ କାଏଁ'
ଜୀବନକୁ ମୋ
ସଶକ୍ତ କରିଛି ।

ମୋ ଗଡ଼, ସୁନ୍ଦରଗଡ଼
ମୋ ପରିଧିର ଅକ୍ଷ ହେଲେବି ସେ
ମୋ ବକ୍ଷ ବନିଛି, ମୋ ପୃଥିବୀ ସାଜିଛି ସେ
ମୋ ଜୀବନ ଇନ୍ଧନ ହୋଇଛି
ଏହା ପୁଣି ସତ୍ୟ
ଏ ମାଟି ମା', ମୋରି ମା' ବୋଲିତ
ତା ନଦୀପଠାର ରମ୍ୟ ଶଯ୍ୟା ଉପରେ
ମୁଁ ମୋ ପୂର୍ବଜଙ୍କ
ଜୁଇବି ଜାଳିଛି ।
(୩)
ହେ ମୋର ବନ୍ଧୁ,
ହେ ମୋର ସଖା
ହେ ମୋର ମିତ୍ର
ଆମେ ଆଜି ଯାହା
ଏ ମାଟି ମା' ତ ଆମକୁ ଦେଇଛି
ହେଲେ,
ଦେଖିଲ ଦେଖିଲ !
କାନ ପାରି ଶୁଣିଲ ଶୁଣିଲ !
ଏ ମାଟି ମା' କ'ଣ ଅଶ୍ରୁ ଢାଳୁଛି କି ?

ଆସିଲ, ଆସିଲ,
ହାତକୁ ହାତ ମିଳାଇବା
ଆମ ମାତୃଭାଷାର
ସେ ପାଞ୍ଚକାଠିଆ ବିଡ଼ାଟା ବନିବା
ଆମ ପାଠଶାଳାର
ଭଙ୍ଗା ଖପରଗୁଡ଼ାକୁ ସଜାଡ଼ି ଆସିବା
ଆମ ନଦୀପଠାରୁ ସେ
ପୁତିଗନ୍ଧମୟ ପଚା ମଢ଼ଟାକୁ ପୋଡ଼ି ଆସିବା
ଆମ ରାସ୍ତାକଡ଼ର
ଆବର୍ଜନାଗୁଡ଼ାକୁ ପୋତି ପକାଇବା
ସେ ହୋଟେଲର
ବାରବର୍ଷିଆ ପିଲାଟାକୁ ଖଡ଼ି ଧରେଇବା
ସେ ପାଞ୍ଚପିଲାର ମା'ଟିକୁ
ତା ସମ୍ପତ୍ତିମାନଙ୍କ
ପଞ୍ଜୁରା ହାଡ଼ଗୁଡ଼ାକ ଗଣି ଶିଖେଇବା
ଏ ମାଟି ମା'ର
ଆଦିସନ୍ତାନମାନଙ୍କୁ; - ନିରୀହ ଆଦିବାସୀମାନଙ୍କୁ
ଜୈବଚାଷପାଇଁ ଲଙ୍ଗଳ ଧରେଇବା
ସେ ବୁଭୂକ୍ଷୁଟିକୁ ଦାନା ମୁଠାଏ ଦବା
ଏ ମାଟି ମା'ର
ଅସଜଡ଼ା ଅବଗୁଣ୍ଠନକୁ ସଜାଡ଼ିଦେବା
ଆମ ଅସ୍ତଗମୀ ନାଲି ସୂର୍ଯ୍ୟଟାକୁ
ପୁଣିଥରେ ଏ ମାଟି ମା'ର
ସିନ୍ଦୁରବିନ୍ଦୁ ବନେଇ ଦବା
ଏ ମାଟିମା'ର ବାସ୍ନାକୁ
ପୁଣିଥରେ ଫୁଟେଇ ଦବା ।

ଜୀବନ ଧର୍ମ

ବଞ୍ଚିବାର ଅବକାଶ
ବୋଧେ ମୋର ଆଉ ନାହିଁ
ଲୋଭ ଏବେ ମୃତ୍ୟୁ ପାଇଁ
'ଦିନଟାଏ' ଲାଗେ ମୋତେ ଯୁଗପରି
ଏବେ 'କ୍ଷଣ' ମଧ୍ୟ ମୋର ଆଉ
କାହିଁ ମୋଟେ ସରୁନାହିଁ।

ରକ୍ତ ମୋର କ୍ଷୀପ୍ରତର
ଆଉ କାହିଁ ବୋଲ ସିଏ ମାନୁନାହିଁ
ଟକ୍ ଟକ୍ ଶୁଭୁଥିବା ଘଣ୍ଟା କଣ୍ଟା
କାମ ବୋଧେ କରୁନାହିଁ
ବଞ୍ଚିବାର ଅବକାଶ
ଆଉ ବୋଧେ ମୋର ନାହିଁ।

ସମୟକୁ ପଚାରିଲି
କୁହ କୁହ ବିଷ୍ଣୁ ମୋତେ କୁହ
ପାଚିଲାଣି ଚୂଡ଼ା ମୋର
ଝଡ଼ିଲାଣି ଦାନ୍ତ
ଅବଶ ଯେ ହେଉଅଛି

ଧିରେ ଧିରେ ଅଙ୍ଗ
ଅଛି କିବା ଆବଶ୍ୟକ
ଆଉ ମୋର ବଞ୍ଚିରହିବାର ?

ନିରୁତ୍ତର ସମୟ ଯେ
ଗଲି ସ୍ୱର୍ଗଦ୍ୱାର ମୁହିଁ
ମନେ ମନେ ଶୋଇଗଲି
ତଳମୁହାଁ ହୋଇଯାଇ
ଖଞ୍ଜିଦେଲି ଶବକାଠ
ପୋଡ଼ି ହୋଇ ଯିବାପାଇଁ।
ମେଲାଇଲା ଶତବାହୁ ଅଗ୍ନିଶିଖା
ଚଡ଼ ଚଡ଼ ହୋଇ ସେଠି
ଜୁଇ ମୋର ନିମିଷକେ
ପାଉଁଶ ଯେ ଗଲା ହୋଇ
କିନ୍ତୁ ଆଶ୍ଚର୍ଯ୍ୟ !
ଶରୀର ମୋ ଗୋଟାପଣେ ପୁଷ୍ପପରି
ଟିକେ ହେଲେ ପୋଡ଼ିନାହିଁ।

ହେଲି ମୁହିଁ ଉପସ୍ଥିତ
ଯମ ଦରବାରେ ଯାଇଁ
ସେ କହିଲେ
ଲୋଭଗ୍ରସ୍ତ ହୋଇଯାଇ ଅଛ ତୁମେ
ଅସମୟେ ମୃତ୍ୟୁପ୍ରାପ୍ତ ହେବାପାଇଁ
ଯାଅ,
ତୁମେ ଫେରିଯାଅ ମର୍ତ୍ତ୍ୟପୁରେ
ତୁମ ବେଳ ଆସିନାହିଁ।

ବଞ୍ଚିବାର କଳା ଶିଖ ତୁମେ ସେଠି
ପଠାଇବି ଦୂତ ମୋର

ଯଥା କ୍ଷଣେ ତୁମପାଖୁ
ସେଥିପାଇଁ ତୁମେ ମୋତେ
ଚିନ୍ତାକରିବାର ନାହିଁ
ସମୟ ଯେ ମହାବଳୀ
ଜାଣି ଜାଣି ତାକୁ ତୁମେ
ନଷ୍ଟ ମୋତେ କର ନାହିଁ।

ସନ୍ଦେହ

ତୁମେ ସେଦିନ
କାରାଗାରରେ ବନ୍ଦୀ ହେଲ
ଦୋଷ ମୋର
କିନ୍ତୁ ଏତିକି
ହାରିଗଲି ମୁଁ
ଶତଚେଷ୍ଟା ପରେ ବି
ତୁମକୁ ମୁକୁଳାଇ ପାରିଲିନି।

ଧାଇଁଲି, ଧାଇଁଲି
ମୁଁ ସେ ପର୍ଯ୍ୟନ୍ତ
ଯେଉଁଠି ଆକାଶ
ମାଟିକୁ ଛୁଇଁଛି
ଦରାଣ୍ଡି ହେଲି ବାଟେ ଘାଟେ
କାଳେ କେଉଁଠି ମୁଁ
ତୁମ ହାତକଡ଼ିପାଇଁ
ଚାବିକାଠି ପାଇଯିବି !

ଦଣ୍ଡାୟମାନ
ଏବେ ମୁଁ
ସମ୍ମୁଖରେ ତୁମର
ମୋତେ ତୁମେ ଅନାୟସେ

ଗୁଳିବିଦ୍ଧ କରିପାର
ଜିତିଯାଉ ତୁମ ସନ୍ଦେହ
ହାରିଯାଉ
ମୋ ପାରିବାପଣ
କିନ୍ତୁ
ବଞ୍ଚିରହୁ ସମାଜ
ସହର, ସଭ୍ୟତା
ଆଉ
ମଣିଷ ପଣିଆ !

ଆଦିଭୂମିର ଆଦିକଥା

ଗିରି ଦୁର୍ଗମ ସ୍ୱର୍ଗ ଭିତରେ
ବଣ୍ଡା ରହୁଛି
ହୁତୁ ହୁତୁ ହୋଇ
ଜଙ୍ଗଲ ଜାଳୁଛି
ଦେଖରେ, ଦେଖରେ
ଦେଖରେ, ଦେଖରେ
କେମିତି ପୋଡ଼ିଯାଉଛି ତା ପେଟ ।

ଦିଆସିଲି କାଠି
ଜାଣେ ନାହିଁ ସିଏ
ସଂଘର୍ଷ କରି କାଠ ସାଙ୍ଗେ କାଠ
ଅଗ୍ନି ସଂଗ୍ରହରେ
ଅଣ୍ଡାରେ ଭରେ
ପୋଡ଼ା ମୂଷା ସାଙ୍ଗେ
ନେଉଳ ଠେକୁଆ
ବାର୍‌ହା ସିଣ୍ଡିପୋକ
ଆଉ ବଣ କାଇ ସାଥେ
ଭରିଯାଏ ତା'ର ଜଠ
ଦେଖରେ ଦେଖରେ
ଦେଖରେ ଦେଖରେ

ଗିରି ଦୁର୍ଗମ ସ୍ୱର୍ଗ ଉଚ୍ଚାରେ
କେମିତି ବଣ୍ଡା ରହୁଛି ଦେଖ ।

ଯୁଦ୍ଧ କରୁଛି ଅହର୍ନିଶ ସିଏ
ଗୋରୁ ମରିଯାଏ ବ୍ୟାଘ୍ର ପାଟିରେ
ରାତି ଯାକ ଖାଲି ଲଢୁଥାଏ ସିଏ
ବଣ ମଶା ସାଥେ
ଭାଲୁ ଖାଇଯାଏ
ପାଚିଲା ଫସଲ
ମାଞ୍ଚା କରିଛି ବୃକ୍ଷ ଉପରେ
ତଥାପି
ବରାବର ସିଏ ଟଳିପଡୁଥାଏ
ସର୍ପାଘାତରେ
ଶବଦାହ ପାଇଁ
ପୋଡ଼ ବଳି ପଡ଼େ
ତଥାପି ବଞ୍ଚି ରହିଛି ସେ
କାହିଁ କେତେ କାଳୁ
ବଢ଼ିପାରୁନାହିଁ ତାର ବଂଶ
ଦେଖରେ ଦେଖରେ
ଦେଖରେ ଦେଖରେ
ଗିରି ଦୁର୍ଗମ ସ୍ୱର୍ଗ ଭିତରେ
କେମିତି ବଣ୍ଡା ରହୁଛି ଦେଖ ।

ତୁମ ଆମ ଧର୍ମ
ବୁଝିପାରେ ନାହିଁ
ଜାଣିଛି ତ ସିଏ
କାହିଁ କେତେ କାଳୁ
ଭଗବାନ ତା'ର
ସୂର୍ଯ୍ୟ, ଚନ୍ଦ୍ର, ତାରା

ମାଟି, ପାଣି, ଗଛ
ଆଉ ଚାରିଦିଗପାଳ
ଦେଖରେ ଦେଖରେ
ଦେଖରେ ଦେଖରେ
ଗିରି ଦୁର୍ଗମ ସ୍ୱର୍ଗ ଭିତରେ
କେମିତି ବଣ୍ଡା ରହୁଛି ଦେଖ ।
ଅଗାଧ ବିଶ୍ୱାସେ ଜନମିଛି ସିଏ
ଡାକତର ଆମ ତୁଚ୍ଛା ମଣିଷଟେ
ସେ କି ପାରିବ
କଥା କହି ଆରେ ପାଟଖଣ୍ଡା ଆଗେ
ଦିଶାରି ତ ତାଙ୍କ ସର୍ବଶକ୍ତିମାନ
କଥାବାର୍ତ୍ତା କରେ ସିଧାସଳଖ ସେ
ଭଗବାନ ସାଥେ
ଉତ୍ତାରି ଦିଏ ସେ ଦେହ ତାତି ମାନ
ଆଦେଶ ଦେଉଛି
ଅଣ୍ଡା-କୁକୁଡା, କଙ୍କଡା-ବେଙ୍ଗ
ଛେଳି-ଘୁଷୁରୀ ଅବା ଗାଈ-ପୋଢ଼ ଆଣି
ପୂଜା ପାଇଁ ତାକୁ ଦିଅ
ଦେଖରେ ଦେଖରେ
ଦେଖରେ ଦେଖରେ
ଗିରି ଦୁର୍ଗମ ସ୍ୱର୍ଗ ଭିତରେ
କେମିତି ବଣ୍ଡା ରହୁଛି ଦେଖ ।

■

ଜୀବନ, ମୃତ୍ୟୁ, ଧର୍ମ ଆଉ ସ୍ୱାଦେନ୍ଦ୍ରିୟ

ମନ୍ଦିର ଗଲି
ମସ୍‌ଜିଦ୍ ଗଲି
ଚର୍ଚ୍ଚ ଗଲି
ଗଲିତ ଗଲି
ପୁଣି
କାମାକ୍ଷା ଗଲି, ତାରାପୀଠ ଗଲି
ଦୁର୍ଗା ଦେଖିଲି, କାଳୀ ଦେଖିଲି
ଶିଖରଚଣ୍ଡୀ ଦେଖିଲି, ଦୁଲାଦେଇ ଦେଖିଲି
ନଈପଠାର
ପଟ୍ଟେଇ ଠାକୁରାଣୀଙ୍କୁ ବି ଦର୍ଶନ କଲି
ପାଇଲି
ସବୁଠି କେବଳ ପେଟ ପାଇଁ ନାଟ
ମନଗଢ଼ା ଯୁକ୍ତିର ସମ୍ଭାର
"ମୋର କି ବା ଦୋଷ
ସେ ମାରିଲା ବୋଲି ସିନା ମୁଁ ଖାଇଲି"
ଆଉ ମୁଁ କହିଲି
"ସେ ଖାଇଲା ବୋଲି ସିନା ମୁଁ ମାରିଲି"
ଜୀବନ ଛଟପଟ

କେବଳ ରକ୍ତ, ରକ୍ତ ଆଉ ରକ୍ତ
ଆର୍ତ୍ତନାଦ ଭିତରୁ ଆର୍ତ୍ତନାଦ
ଭ୍ରୂଣ ହାତଯୋଡ଼ି
ଗୁହାରି କରୁଛି
ଆରେ
ପାରିବତ କେହିହେଲେ
ଜଣେ ତ ମୋତେ
ରକ୍ଷାକର ।

ଅପଚେଷ୍ଟା

ତୁମେ ଭଗବାନ ବନିନ ଏଯାଏଁ
ମୁଁ ସୂର୍ଯ୍ୟ
ଆଲୋକିତ କରିବା ମୋର ଧର୍ମ
ତୁମେ ଯଦି ଆବଦ୍ଧ କରିବାକୁ ଚାହିଁବ ମୋତେ
ନିଜେ ଜଳିଯିବ ସିନା
ଅନ୍ଧାର କ'ଣ ଦୂରେଇ ପାରିବ ?
ଯାଅ
ସମ୍ଭାବନା ଯେଉଁଠି
ସେଇଠି ବଳ ପରୀକ୍ଷା କର ।

ମୁଁ ପାଣି
ବୋହିଯିବା ମୋର ଧର୍ମ
ତୁମେ ଯଦି ଅବରୋଧ କରିବାକୁ ଚେଷ୍ଟା କରିବ
ମୁଁ ବାଷ୍ପିଭୂତ ହୋଇଯିବି ସିନା
ମୋତେ କ'ଣ ତୁମେ ବନ୍ଦୀ କରି ରଖିପାରିବ ?
ଯାଅ
ସମ୍ଭାବନା ଯେଉଁଠି
ସେଇଠି ବଳ ପରୀକ୍ଷା କର ।

ତୁମେ ଭଗବାନ ବନିନ ଏଯାଏଁ
ମୁଁ ଆକାଶ

ଅନନ୍ତ ମୋର ବକ୍ଷ
ମୋ ସାଥେ ଯୁଦ୍ଧ ଘୋଷଣା କରିବ ତ
ମୋତେ କ'ଣ ତୁମେ ସତରେ ପାଇବ ?
ଯାଅ
ସମ୍ଭାବନା ଯେଉଁଠି
ସେଇଠି ବଳ ପରୀକ୍ଷା କର ।

ଆପଣା ହସ୍ତେ ଜିହ୍ୱା ଛେଦି

ମୁଁ ପବନ
ତୁମେ ଜୀବନ
ମୁଁ ସର୍ବଶକ୍ତିମାନ୍
ତୁମେ କେଉଁଠି
ଲୁଚିକି ରହିବ ରୁହ
ମୁଁ ତ ଏବେ
ପ୍ରଦୂଷିତ ଏକ
ଜୀବନ୍ତ ରାକ୍ଷସ
ବୋଧେ ତୁମେ ମୋତେ
ମୃତ୍ୟୁଦଣ୍ଡ ଦେଇଛ
ଲଗାଇଛ ନିଆଁ
ଫାଟିଛି ବୋମା
ପୃଥିବୀ ଗୋଟାକଯାକ ହେବ ପୁନର୍ବାର
କଙ୍କାଳମୟ ନାଗାସାକି-ହିରୋସୀମା
ପାରିବତ ଧୂଆଁକୁ
ଅଟକାଇ ଦେଖ
କାଳେ ତୁମେ
ନିଜେ ନିଜକୁ ବଞ୍ଚାଇ ପାରିବ !

■

ସନ୍ଧାନ

ଚାଳକ ହେବି
ନା ଯାତ୍ରୀ ଆସନରେ ବସିବି
କିଛି ଭାବିପାରୁ ନାହିଁ
ହେ ବନ୍ଧୁ
କହିପାରିବ ଦୟାକରି
ଜୀବନକୁ ମୋର ମୁହିଁ
କେମିତି ଆଗେଇ ମୁଁ ନେବି ?

ଯେତେ ଚିନ୍ତା କଲେ ବି
ତୃତୀୟ ପନ୍ଥା ମୋତେ
କିଛି ଦିଶୁନାହିଁ
ହେ ବନ୍ଧୁ
ଟିକେ ଧ୍ୟାନ ଦିଅ
ଅଛି ଯଦି ତୁମ ପାଖେ
ଏହାର କିଛି ଉପଚାର
ଦୟାକରି ମୋତେ ଟିକେ
ତୁରନ୍ତ ବତାଅ ।

ଚାଳକ ହେବି ଯଦି
ଆନନ୍ଦର କଥା
ସିଂହାସନରେ ବସିବି
ପ୍ରଜାମାନେ ସ୍ଲୋଗାନ ଦେବେ

ଖୁସି ମୁଁ ଚରିବି
ହେଲେ ସେମାନଙ୍କ ପେଟ ପାଇଁ
ମୁଁ ତ ଚିନ୍ତାରେ ରହିବି !

ନାଇଁ
ତେବେ ବୋଧେ
ଯାତ୍ରୀ ଆସନରେ ବସିପାରିଲେ ମୁଁ
ନିଶ୍ଚେ ଅଧିକ ଆନନ୍ଦ ଲଭିବି
କିନ୍ତୁ
ନିଦ୍ରା ଗଲାପରେ ମୁଁ
ଯଦି କିଛି ଦୁର୍ଘଟଣା ଘଟିଯାଏ
ନିଶ୍ଚେ ତ ମୁଁ ମୃତ୍ୟୁକୁ ଭେଟିବି !
ଦୟାକର
ଦୟାକର ବନ୍ଧୁ ତୁମେ
ଟିକେ ଦୟାକର
ଅଛି ଯଦି ତୁମ ପାଖେ
ତୃତୀୟ ପନ୍ଥା କିଛି
ମୋତେ ଟିକେ ତୁରନ୍ତ ବତାଅ ।

ତୁମେ ଯଦି ମୋତେ କୁହ
ମନା ନାହିଁ
'ତୁମେ ଏକା ଏକା ଦୌଡ଼ିପାର'
ଅସମ୍ଭବ ଲାଗେ ମୋତେ
ସେଥିପାଇଁ ଚିନ୍ତାରେ
ମୋର ମୁଁ
ମୂର୍ଚ୍ଛେଦ ମକାଲ ସାରିଛି
ଅଛି ଯଦି ତୁମ ପାଖେ
ଆଉ କିଛି ଉପଚାର
ଦୟାକରି ମୋତେ ଟିକେ
ତୁରନ୍ତ ବତାଅ ।

ସୁନାର ସହର ଭିତରେ - ଏକ ବୁଭୁକ୍ଷୁ ନାରୀର ଅନ୍ତସ୍ୱର

ହେ ବେପାରୀମାନେ
କେହି ହେଲେ
ଜଣେ ବି ନେଇଯାଅ
ମୋ ଉଲଗ୍ନ ଶରୀର
କିନ୍ତୁ ମନେରଖ
କେବେହେଲେ
ନିଲାମ କରୁନି
ମୁଁ ମୋ ଦେହ
ଦେଇଦିଅ
ମୋତେ କେବଳ ମୁଠାଟାଏ ହେଲେ ବି ଭାତ
ମରିଯାଉ ପଛେ ମୋ ମନ
ବଞ୍ଚିଯାଉ ମୋ ପେଟ ଭିତରର ଭ୍ରୁଣ
ପ୍ରସବି ଯାଉ ସେ
ସଂଧ୍ୟାତାରା ପରି
ଆଉ ଜିଇଁଯାଉ ସୂର୍ଯ୍ୟଙ୍କପରି
ଉଦୟରୁ ଅସ୍ତ ପର୍ଯ୍ୟନ୍ତ
ଆଲୋକିତ ହୋଇଯାଉ
ମୋ ପୃଥିବୀ
କିନ୍ତୁ ମନେରଖ

କେବେହେଲେ
ପୁନର୍ଜନ୍ମ ଆଉ ନ ହେଉ
ତୁମ ଭୋକ
ଆମକୁ ଏବେ ଟିକେ
ବଞ୍ଚିବାକୁ ଦିଅ ।
'ଜୀବନ' ଖୋଜୁଛ ତୁମେ
ଟ୍ରେଜେରୀ ଭିତରୁ ?
ଫିଙ୍ଗିଦିଅ ତା ଚାବିକାଠି
ସମୁଦ୍ର ବକ୍ଷକୁ
ମୁକ୍ତ କରିଦିଅ ତୁମ ରାଜକୋଷ
ଭଣଭଣ ହୋଇ ବେଢ଼ି ଯାଆନ୍ତୁ
ଭୋକିଲା ମାନେ
ଦେଖିବ
ବୁଭୂକ୍ଷୁ ମଣିଷଟେ
କେମିତି ଛାଡିଯିବ ତୁମପାଖେ
'ଆନନ୍ଦର କୋହ'
କୁହ
ତୁମେ ଏବେ ଜୀବିତ ନା ମୃତ ?

ମନଃ ବାପା, ପୁଅ ଆଉ ଝିଅର

କେତେକେତେ 'ଆଜିମାନେ'
ଶବପାଲଟି ଯାଇଛନ୍ତି ବାପାର
ତଥାପି ପରାସ୍ତ ହୋଇନି ସେ
ଜାବୁଡ଼ି ଧରିଛି ସେ ଘୋଡ଼ାର ଲଗାମ୍
ସମ୍ପୂର୍ଣ୍ଣରୂପେ କରିବ ସେ ସ୍ୱର୍ଣ୍ଣିମ
ପୁଅର
'ଆସନ୍ତା କାଲିମାନଙ୍କୁ' !

ହାରମାନିଛନ୍ତି
ସବୁ କଳାହାଣ୍ଡିଆ ମେଘମାନେ
ବାପାର ସାତସିଆଁ ପକ୍ଷିଆ ଉପରେ
ହାରମାନିଛନ୍ତି ବି
ସବୁ ତୀକ୍ଷ୍ଣ ଗୋଡ଼ି, ପଥର
ଗେଣ୍ଡା, ଶାମୁକା, କଣ୍ଟା, ଖୁଣ୍ଟା
ଅବା
ଭଙ୍ଗା କାଚଖଣ୍ଡମାନେ
ବାପା ପାଦର ବିଣ୍ଡି ଆଗରେ
ହାରମାନିଛନ୍ତି ବି
ସବୁ ରୋହି, ଭାକୁର ଅବା
ଇଲିସି ମାଛର ଝୋଳମାନେ
ବିଚରା ବାପାର

କେବଳ ବାସନାମାନଙ୍କୁ ଢୋକ ମାରିଦେବାର
କଳା କୌଶଳ ଆଗରେ !

ବାରବାର ଲୁହ ଝରିଛି ଝିଅର
ପୋଛି ଦେଇଛି ସେ
ବାପା ମଥାର ସ୍ୱେଦବିନ୍ଦୁମାନଙ୍କୁ
ମାଖିବି ଦେଇଛି ବାପା ଦେହରେ
ଉଷୁମ ସୋରିଷ ତେଲ
ଆଉ ରସୁଣର ମିଶ୍ରଣକୁ
ବାରବାର ବି ଟାଣିଆଣିଛି
ବାପା ପାଦ ଭିତରୁ
ଦରଭଙ୍ଗା ଛୋଟ ବଡ଼ କଣ୍ଟା, ଖୁଣ୍ଟା
ଆଉ ପାତିଆ କାଚ ଖଣ୍ଡମାନଙ୍କୁ !
ନ ହେଲା ନାଇଁ ପଛେ
ବାପାପାଇଁ ରୋହି-ଭାକୁର
ମାଛର କାଲିଆ ଅବା ରସା
ସେ ତ ସାଉଁଟି ପାରୁଛି
ଥରକୁ ଥର କେତେନା କେତେ
ଚେଙ୍ଗ, ଗଡ଼ିଶା ଆଉ କେରାଣ୍ଡିମାନଙ୍କୁ
ଆଉ ବାପାର
ଭାତଥାଳିକୁ ରସାଳ
କରିବାକୁ ଖାଲି ବ୍ୟାକୁଳ ହେଉଛି ।

ଯୁଦ୍ଧ ଚାଲିଛି
ହାରିନି ଏ ଯାଏଁ ବାପା
କିନ୍ତୁ ଡ଼ାକ୍ତରବାବୁ କହିସାରିଲେଣି
ଏବେ ପାନ ଖାଇବା ମନା
ମାଛ ମାଉଁସ ମନା
ବାରମଜା ବି ମନା

ସବୁ ରକତ ଯାକ
ଏବେ ହୋଇଛି ତାର
ସମ୍ପୂର୍ଣ୍ଣ ରୂପେ ମିଠା ।

କିନ୍ତୁ
ଲୁଚି ଲୁଚି ଖାଏ ବାପା ପାନ
ବେଳେବେଳେ ମୁଠାଏ ମୁଠାଏ
ବାରମଜା ବି ପକାଇଦିଏ ପାଟିରେ
ଢୋକ ମାରିଦିଏ ଦାନ୍ତ ଚିପିଚିପି
ଖୁବ୍ ସାବଧାନତାରେ
ଗାଧୁଆଘରର ଚାରିକାନ୍ଥ ଭିତରେ
ନଇଲେ
ତକିଆ ଉପରେ ମୁହଁମାଡ଼ି ଦେଇ
ନିଘୋଡ଼ ନିଦ୍ରାଯିବାର କୃତ୍ରିମ ମୁଦ୍ରାରେ ।

ଭାରି ଅମନିଆ କିନ୍ତୁ
ସବୁଯାକ ଦୁହିତାମାନେ
ଅସମୟରେ ଧସେଇ ପଶେ
ଝିଅର ଗୋଟାଏ କି ଦୁଇଟା ଆଙ୍ଗୁଠି
ବାପାର ଦାନ୍ତ ଚିପା ପାଟି ଭିତରେ
କିଲିବିଲି ହୋଇ
ଉତୁରି ଆସନ୍ତି ପଦାକୁ
ବିଚରା ସବୁଯାକ ଦରଚୋବା
ପାନ, ଗୁଆ, ଗୁଣ୍ଡି
ଆମ୍ବ, ପଣସ ଅବା ଆରିଷା ଖଣ୍ଡମାନ
ଯମ ନିରାଶ ହୁଏ
ପ୍ରତ୍ୟାବର୍ତ୍ତନ କରେ ସେ ଶୂନ୍ୟ ହସ୍ତରେ ।

ଖାଇବା ମୁହଁରେ ପାହାର !
ଖୁବ୍ ଅମାନୁଷିକ କାର୍ଯ୍ୟ
ଭାଇ ରଡ଼ିକରି ଉଠେ ଉଦ୍ଦଣ୍ଡୀ
କେତେଦିନ ଆଉ ବା ବଂଚିରହିବେ ବାପା !
ଖାଆନ୍ତୁ ଆତ୍ମା ବୋଧକରି
ଯାହା ସବୁ ତାଙ୍କର ଖାଇବାର ଇଚ୍ଛା !

ଜୀବନକୁ ମୃତ୍ୟୁଠାରୁ
କିପରି ଛଡ଼ାଇ ଅଣାଯାଏ
ସେ କଳା ବୋଧେ କେବଳ
ସବୁ ଦୁହିତାମାନଙ୍କୁ ହିଁ ଜଣା
କେବଳ ଗୋଟାଏ ଆତ୍ମା ଆଉ ଗୋଟାଏ
ଆତ୍ମାକୁ ଜାବୁଡ଼ି ଧରିପାରିଲେ ହେଲା ।

ପୁନର୍ବାର
ଗୋଟାଏ ଆଙ୍ଗୁଠି ଧସେଇ ପଶେ ଝିଅର
ବାପା ପାଟି ଭିତରେ
ଆଉ
ସବୁଯାକ ଦରଚୋବା
ଦୋକ୍ତା ତକ ଗଳଗଳହୋଇ
ବାହାରି ଆସନ୍ତି ପଦାକୁ
ଦୁଆର ମୁହଁରୁ
ଆମ୍ବୁଲାନ୍ସ ଫେରେ
ଯମ ପୁନର୍ବାର ନିରାଶ ହୁଏ
ପ୍ରତ୍ୟାବର୍ତ୍ତନ କରେ
ସେଇ ଶୂନ୍ୟ ହସ୍ତରେ ।

ସେପଟ ପାଖ

ତୁମେ
'ଆଲୋକ' ନେବ ନା 'ଅନ୍ଧାର'
'ନିରବତା' ନା 'କୋଳାହଳ'??
'ଶୋଷ' ନା 'ପାଣି'???

ଯଦି କହିପାରିବ
ଏବେ ମୋତେ କୁହ
ମୋର କେଉଁ କେଉଁ ଗୁଣାମାନ ପାଇଁ
ତୁମେ 'ହସ' କିମ୍ବା 'କାନ୍ଦ'?
ମୁଁ ଚାହେଁ
ତୁମେ କେବଳ 'ହସୁଥାଅ'
'କାନ୍ଦିବାର' କାରଣ
ଅଛି ଯଦି କିଛି
ମୋତେ ତୁରନ୍ତ ବତାଅ।

ଦେଖ
'ଆଲୋକ' କେମିତି ଧାରିଛି
'ଅନ୍ଧାରର ଭ୍ରୁଣ'
ଆଉ ସେ 'ଭ୍ରୁଣ' ଭିତରେ
ପୁଣି 'ଆଲୋକ ଯେ ଲୁକ୍‌କାୟିତ'
ଘନ କୃଷ୍ଣକାୟ ତାର ଦେହ

'ହସକୁ' ପ୍ରସବି ସେ
'କାନ୍ଦ'କୁ କରୁଛି ଉଦରସ୍ଥ
ସେ ରାତ୍ରୀର
କିଟିମିଟି ଅନ୍ଧାର ହେଉ ବା
ତୋଫା ଆଲୋକ
ଦିନ ଦ୍ୱିପ୍ରହରର
କିନ୍ତୁ
'ପ୍ରସବିଲା' ବେଳକୁ
କାହିଁକି ଲାଗୁଛି
ତୁମକୁ ଏତେ 'କଷ୍ଟ'
'ହସ' ପାଇବା କ'ଣ
ସତରେ ଏତେ 'ସହଜ' !

'ପାଣି' ପାଇଁ ନୁହେଁ
ତୁମେ 'ଶୋଷ' ପାଇଁ
'ଧ୍ୟାନମଗ୍ନ ହୁଅ'
ତେବେ ଯାଇ ସିନା
ବୁଝିପାରିବ 'କେତେ ତା'ର ମୁଲ' !

'ନୀରବତା'
ଏବେ 'ଭଙ୍ଗକର'
ଦେଖିବ
'କୋଲାହଲ' ଭିତରେ
ତୁମେ 'କାନ୍ଦିବାର'
'ଖୁସି' ମାଲବ ।

'ବାଟ ଛାଡ'
'କାଳକୁ' ଯଥାରୀତି
ଯିବାକୁ ଦିଅ

'ଆଲୋକ' ନୁହେଁ
'ଅନ୍ଧାର' ପାଇଁ ତୁମେ
'ଆବେଦନ' କର ।

'ନୂତନତା' ଜନ୍ମୁଥାଉ
ଲହଡ଼ି ଗର୍ଜନ
ବାରବାର ଭାଙ୍ଗୁଥାଉ
ତୁମେ, ସାଗର ଆଡ଼କୁ
ଟିକେ 'ନିରେଖ୍' ଚାହଁ ।

■

ଅଜାତଶତ୍ରୁ

ବୋଉ ମୋର ମାଟି
ବାପା ହିମାଳୟ
ଭାଇ ମୋର ମେଘନାଦ ପାଚେରୀ
ଭଉଣୀ ସ୍ନେହର ସାଗର
କିନ୍ତୁ
ପତ୍ନୀ ମୋର ଆଜି ନେଇଛି
ଗାନ୍ଧାରୀର ବେଶ
ପୁତ୍ର କହେ
ତୁମେ ଯଦି
ଧରି ନ ଶିଖିବ ମୋର ପାଦ
ଆଜି ହିଁ କାରାଗାରରେ
ତୁମେ ବନ୍ଦୀ ରହିବ
ଅନ୍ୟଥା
କରିବି ତୁମକୁ ମୁଁ
ଅକାଳରେ ବଧ ।
-୦-

ସହରର କୋଠାଘର

ହେ ବେପାରୀମାନେ
ଫେରାଇ ପାରିବ ମତେ
ମୋ ଗାଁ ମଶାଣି ପଠାର
ତାଳଗଛ, ବରଗଛ ଓହଳ
ପୋଲାଙ୍ଗ ତୋଟା
ଗୁଆକୋଳି, ବେତକୋଳି, କଣ୍ଟେଇକୋଳି
କ୍ଷୀରକୋଳି, ବରକୋଳି
ସିଜୁବଣ ଅବା
କେଉଁ ଅଚିହ୍ନା କଣ୍ଟାବୁଦା ମୂଳର
ଶୀତଳ ଛାଇ ?
ସେଇଠି ପରା ଅଛି
ମୋ ବାପାବୋଉ
ଜେଜେ ଆଉ ତାଙ୍କ ଜେଜେଙ୍କ
ଭୂତ କାଳର ଘର
କହିଲ
ତୁମ ଇଟା ଭାଟି
ମୋର ବା କି କାମରେ ଆସିବ ?

ଯୁଦ୍ଧ, ବନ୍ଧୁତ୍ୱ ଆଉ ଆଶା

ଗତ ରାତ୍ରିର
ଠିକ୍ ମଧ୍ୟ ଭାଗରେ
ଦୁଇ ସ୍ୱପ୍ନମାନଙ୍କ ମଧ୍ୟରେ
ଘମାଘୋଟ ଲଢ଼େଇ
ସଭାକରି ସାରିଛନ୍ତି ସେମାନେ
ରଦ୍ଧଦ୍ୱାର କକ୍ଷଭିତରେ
ଶତ୍ରୁପକ୍ଷର ନୂତନ ବର୍ଷକୁ
କରିବେ ନିଶ୍ଚୟ ଧରାଶାୟୀ।

କମାଣମାନେ ଛକି ସାରିଲେଣି
ବରଫ ଆସ୍ତରିତ
ପର୍ବତମାନଙ୍କ ଶିଖର ଦେଶରେ
ବୁଟ୍‌ମାନେ ସମସ୍ତେ ନିଶବ୍ଦ
ଥାକିସାରିଛନ୍ତି ସେମାନେ
ଘନଘୋର ଅନ୍ଧାର ରାତିର
ଚିଁ ଚିଁ ଶବଦ ଭିତରେ।

ଟ୍ରିଗର ଉପରେ ସେମାନଙ୍କ ଆଙ୍ଗୁଠି
ଫୁଟିବ ନିଶ୍ଚୟ ଗୁଳି
ଶତ୍ରୁ ନିହତ ହେବ
ତୀକ୍ଷ୍ଣ ସେମାନଙ୍କର ମନମାନେ

କେବଳ ଆଦେଶ ଅପେକ୍ଷାରେ ।
କ୍ଷେପଣାସ୍ତ୍ରମାନେ ବି ପ୍ରସ୍ତୁତ
ଧୂଳିସାତ୍ କରିଦେବେ
ସବୁଯାକ ବେସ୍‌ମେଣ୍ଟ୍
ନିମିଷକେ ମିଶିଯିବ ଶତ୍ରୁମାନଙ୍କ
ବପୁ ଗୁଡାକ ପବନଦେହରେ
ଶତସହସ୍ର କଣିକା ରୂପରେ।

ରାଡାର ବି ସଜାଗ
ନିଖୁଣ ଭାବେ ଯୋଗାଇଦେବ ତଥ୍ୟ
ଅପରପକ୍ଷର ଆକାଶମାର୍ଗ ଅନୁପ୍ରବେଶକୁ
ସେ ବାରବାର
ପଣ୍ଡ କରିଚାଲିଥିବ।

ଉଭୟଙ୍କ ଯୋଜନା ରକ୍ତମୁଖା
ଆଶା
ଦୁହେଁଯାକ କୁଆଡେ ଜିତିବେ ଯୁଦ୍ଧ।
ଅଜାଡ଼ିହୋଇ ପଡ଼ିବ ନୂଆ ବର୍ଷର
ଶୁଭେଚ୍ଛାମାନ ସେମାନଙ୍କ ଉପରେ
ଉଲ୍ଲସିତ ହେବେ ସେମାନେ
ବାପାଙ୍କ ପାଖକୁ ପତ୍ର ବି ଲେଖିବେ।
ସାକାଲୁ ସକାଳୁ
ଖଙ୍କଉର ଏପଟ ଖବର କାଗଜମାନଙ୍କ
ପ୍ରଥମ ପୃଷ୍ଠାର ପ୍ରମୁଖ ଶିରୋନାମା ହୋଇଥିବ
“ଭାରତ ପାକିସ୍ଥାନକୁ ଧୂଳି ଚଟାଇଛି
ସବୁଯାକ ବେସ୍‌ମେଣ୍ଟ ସେମାନଙ୍କର
ବାଷ୍ପିଭୂତ ହୋଇଛି,
ଭାରତ ଯୁଦ୍ଧ ଜିତିଛି”,
ଆଉ

ସେପଟ ଖବର କାଗଜମାନଙ୍କ
ମୂଖ୍ୟ ଶୀର୍ଷକ ମଧ୍ୟ ହୋଇଥିବ
"ପାକିସ୍ଥାନ ଭାରତକୁ ପାନେ ଦେଇଛି
ପଛଘୁଞ୍ଚା ଦେଇଛି ଭାରତୀୟ ସୈନ୍ୟ ଦଳ
ସେ ଯୁଦ୍ଧ ଜିତିଛି"
ଉଲ୍ଲସିତ ହେଉଥିବେ ଦେଶବାସୀ
ଉଭୟ ପଟର
କିନ୍ତୁ ସେତେବେଳକୁ ଅବଶ୍ୟ
ଏପଟରୁ କେତେଜଣଙ୍କ
ସିନ୍ଦୁର ଲିଭା ପର୍ବ ଚାଲୁଥିଲା ବେଳକୁ
ସେପଟରୁ କେତେଜଣଙ୍କ
ଦେହରୁ ଅଳଙ୍କାର ଉତୁରୁଥିବ
ଭବିଷ୍ୟତରେ 'ଅତରକୁ' ଆଜୀବନ
ଭୁଲିଯିବା ପାଇଁ ମୌଲ୍‌ବିଙ୍କ
ଆଦେଶ ଆସୁଥିବ
ତଥାପି
ବିନିମୟ ହେବ ନିଶ୍ଚୟ ଶୁଭକାମନା
ପାରମ୍ପାରିକ ଢଙ୍ଗରେ ବି
ଓ୍ୱାଘା ଫାଟକରେ ମିଷ୍ଟାନ୍ନ
ଦିଆନିଆ ହେବ ।

ପରିଭାଷା - ପ୍ରେମର

ବୋଧେ,
ପ୍ରେମର ଜୀବନଥାଏ
କିନ୍ତୁ
ମରିଗଲାପରେ ବି
ସେ ଜିଇଁ ରହିଥାଏ
ସମାଧିତଳେ ସୁପ୍ତଥିଲେ ବି
ସେ ଜାଗ୍ରତ ଥାଏ
ବୋଧେ,
ପ୍ରେମର ଜୀବନ ଥାଏ ।

ଗାଁ ଶ୍ମଶାନଘାଟରେ
ମାଳମାଳ ସମାଧିମାନଙ୍କ
ଗୁଡ଼ାଏ ସାଇ
ତାରି ଭିତରୁ ମୋ ବାପା-ବୋଉ
ଜେଜେ-ଜେଜେମାଙ୍କ ସାମଧିଗୁଡ଼ାକୁ
ମୋ ରକତର ଚିହ୍ନଗୁଡ଼ାକୁ
ମୁଁ ମାଟିହେବା ପୂର୍ବରୁ
ଦାୟାଦମାନଙ୍କୁ ଚିହ୍ନାଇରଖିବା ପାଇଁ
ମନ କାହିଁକି ମୋର
ଖାଲି ଛଟପଟ ହୁଏ
ବୋଧେ,
ପ୍ରେମର ଜୀବନଥାଏ ।

ଜନମ ଦେଇଥିବା ବୋଉପାଇଁ
ଭାତହାଣ୍ଡିଟାକୁ ବାଣ୍ଟ କରାଯାଏ
ବୁଢ଼ୀ ବୋଉକୁ ବି
ଉତ୍ତପ୍ତ ରାସ୍ତାକୁ ଠେଲିଦେଇ
ସ୍ତ୍ରୀ ପ୍ରେମରେ ଉବୁଟୁବୁ
ଏକଇରବଲା ବିଶିକେଶନ
କ୍ଷଣ କେଇଟାରେ ଉଭେଇଯାଏ
ଚେତନା ପଶିଲା ବେଳକୁ
ବୋଉ କାନିର ଶୀତଳଛାଇ ପାଇଁ
ମନ ବ୍ୟାକୁଳ ହେଲାବେଳକୁ
ବୋଉ ମାଟିରେ ମିଶି ସାରିଥାଏ
ବୋଧେ,
ପ୍ରେମର ଜୀବନଥାଏ ।

ସୁରାପାନର ମୋହପାଇଁ
ବାପାଙ୍କୁ ହତ୍ୟା କରାଯାଏ
ବାପା ହୋଇ
ବାପାର ବେଦନା ବୁଝିଲା ବେଳକୁ
ଦାୟାଦମାନଙ୍କ ପାଇଁ
ଦାନା ସାଉଁଟିଲା ବେଳକୁ
ଛୁଆର ସ୍କୁଲ ଫି ଭରିଲା ବେଳକୁ
ବାପାଙ୍କ
ଅବ୍ୟକ୍ତ ବେଦନା ବୁଝିବା ବେଳକୁ
ଅଶ୍ରୁତ କୋହରୁ
ଅଦେଖା ଅଶ୍ରୁ ଝରିବା ଅଣାୟତ୍ତ ହୁଏ
ବୋଧେ,
ପ୍ରେମର ଜୀବନ ଥାଏ ।

ଭାଇ ଭାଗ ପାଇଁ
ଭାଇକୁ ଜୁଇରେ ଚଢ଼ାଯାଏ
ବାପାଙ୍କ କୋକେଇ
ଏକାକି କାନ୍ଧେଇଲା ବେଳକୁ
ଶତ୍ରୁର ହୁଁଙ୍କାର ଶବଦରେ
ଧରାଶାୟୀ ହେଲାବେଳକୁ
ଭାଇର ଆତ୍ମା
ଶତ ସିଂହର ଶକ୍ତି ଯୋଗାଇଥାଏ
ବୋଧେ,
ପ୍ରେମର ଜୀବନ ଥାଏ ।

'ଆବେ ପରଶୁ ଯାବେ ପରଶୁ
ବାବୁ ପରଶୁରାମ
ପୈସା କ୍ୟା ନ କରେ କାମ୍'
ସେଇ ଟଙ୍କା ଦି'ଟା ପାଇଁ
ଜୀବନସାଥୀକୁ
ଦଲାଲ ହାତରେ
ଟେକିବି ଦିଆଯାଏ
ଆଖିଖୋଲା ନିଦଭିତରୁ
ସ୍ତ୍ରୀର ତ୍ୟାଗ ବୁଝିଲା ବେଳକୁ
ତୁମ ହିତପାଇଁ, ତା 'ହଁ'ର
ଅର୍ଥ ବୁଝିଲା ବେଳକୁ
ସମାଜର ପରଦା ପଛପଟେ
ମନ ସଙ୍କୁଚିତ ହେବାକୁ ଲାଗେ
ବୋଧେ,
ପ୍ରେମର ଜୀବନ ଥାଏ ।

■

ଜୀବନ ମନ୍ତ୍ର

ହେ...
ମନ ଉଡିଗଲା ମୋର
ପାହାଡ଼ ତଳକୁ ଲୋ ପାହଡ ତଳକୁ
ବାଦଲ ଦେହକୁ ଲୋ ବାଦଲ ଦେହକୁ
ଝରଣା ପାଣିକୁ ଲୋ ଝରଣା ପାଣିକୁ

ଉଡ଼ିଉଡ଼ି ଯାଉଥିଲି
ଝୁଣ୍ଟି ମୁଁ ପଡ଼ିଲି
ରକତ ମୋ ବହିଗଲା
ଝରଣା ନାଲି ଦିଶିଲା
ଛଞ୍ଚାଣଟେ ଦେଖିଦେଲା
ଝାମ୍ପିନେଇ ଉଡ଼ିଗଲା
ମୋତେ ଖାଇବାକୁ ଲୋ
ମୋତେ ଖାଇବାକୁ
ହେ...

ଯମରାଜ ରାଗିଗଲେ
ବାନ୍ଧିନେଲେ ଛଞ୍ଚାଣକୁ
ପୋତିଦେଲେ ଫାଶୀଖୁଣ୍ଟ
କହିଲେ ଛଞ୍ଚାଣରେ
ନିର୍ଦ୍ଦୋଷକୁ ମାରିଦେଲୁ

ଏବେ ଭୋଗ ତୋର ନିଜର ମୃତ୍ୟୁକୁ
କାକୁତି ମିନତି ହେଲା
କହିଲା "ହେ ଯମରାଜ
ଚାଲଯିବା ବ୍ରହ୍ମାଙ୍କ ପାଖକୁ"
ଥୋଇଲା ସେ ପ୍ରଶ୍ନ ଏକ
କି ଦୋଷ କଲି ମୁଁ କୁହ
ଆମେ ପୁଣି କେମିତି ବଞ୍ଚିବୁ ?
ହେ...
ବ୍ରହ୍ମା ଦେଲେ ଡାକ ଏକ
ବିଷ୍ଣୁ ତୁମେ ସଭାକୁ ଆସ
ଶୁଣ ପ୍ରଶ୍ନ ଛଅଁଙ୍କର
ଦୋଷୀ କିଏ ବିଚାର କର
ଦଣ୍ଡ ଦେବି ମୁଁ କାହାକୁ ?

ବିଷ୍ଣୁ ଟେକିଦେଲେ ହାତ
କହିଲେ ନିମନ୍ତ୍ରଣ କର
ତୁମେ ମହେଶ୍ୱରଙ୍କୁ
ମହେଶ୍ୱର ରାଗିଗଲେ
ଏତ ସମସ୍ୟା ନୁହେଁ ମୋଟେ
ସଂସାରର ଗତି ଇଏ
ଜାଣିରଖ ସର୍ବେ
ଏ ଜୀବନ ମନ୍ତ୍ରକୁ
ହେ ...

ସହରାବସ୍ଥାନ ଜଣେ ବୃଦ୍ଧ ସୈନିକର

ଏଇ ଶୁଣ
ନିଶବ୍ଦତା'ର ଘଡ଼ଘଡ଼ି ନାଦ
ଖୋଲିଦିଅ ଝରକା କବାଟ
ଅବା
ଭାଙ୍ଗିଦିଅ କାନ୍ଥବାଡ଼
ଭୁସୁଡ଼ିପଡୁ ପଛେ ଛାତ
କିନ୍ତୁ
ଅଜାଡ଼ି ହୋଇଯାଉ
ସହର ଗୋଟାକଯାକର ଶବ୍ଦ
ଅଥବା
ଧସେଇପଶୁ ସମୁଦ୍ର ଗର୍ଜନ
କିମ୍ବା ଅଶାନ୍ତ ଆକାଶର
ଅମାନିଆ ବଜ୍ର
ନହେଲେ
ଘମାଘୋଟ ଯୁଦ୍ଧ ବେଳର ଦୁନ୍ଦୁଭିନାଦ ।

ବାଟ ଛାଡ଼
ମନ ଏବେ ଛଟପଟ ମୋର
ଏଇ ଟିକେ
କାନପାରି ଶୁଣିବାକୁ ଚେଷ୍ଟାକର
ମୋତେ କେମିତି ଏଣେ

ଡାକ ଛାଡ଼ିଲାଣି
ପ୍ରତିରକ୍ଷା ବିଭାଗ
କମାଣ ଭିତରେ ସାନ୍ଧିବି ଯାଇ ମୁଁ ବାରୁଦ
ବଙ୍କର ଭିତରେ ପରା
ଲୁଚିକି ରହିଲେଣି
ସୈନିକ ଶତ୍ରୁ ଦେଶର ।

ଆଉଟିକେ ଶୁଣିବାକୁ ଚେଷ୍ଟାକର
ଗାଁ ପଟୁ ଆମ
କେମିତି ଭାସିଆସୁଛି
ଘୋଡାନାଚ ଗୀତ
ଗୀତା, ଭାଗବତ ପାଠ
ସନ୍ଧ୍ୟା ଆଳତୀ
ଘଣ୍ଟି, ଘଣ୍ଟି ହୁଳହୁଳି ସାଙ୍ଗକୁ
ଗାଁ ଗାଈଆଳର
ଘରବାହୁଡା ଗୀତ ।

ପୁନର୍ବାର କାନଡେର
ସେଇ ଗାଁ ପଟୁ ବୋଧେ
ଶୁଭୁଛି ନିଶ୍ଚେ
'ରାମ ନାମ ସତ୍ୟ ହେ,
ହରିନାମ ସତ୍ୟହେ'
ଶୀଘ୍ରଟିକେ ପଚାରି ବୁଝ
କାହାପାଇଁ ଆସିଛି
ଏ ଦୁଃସମୟ
ଏଇ ସାଥେ ସାଥେ ତ
ଶୁଭୁଥିଲା ମୋତେ

କାହା ଖଳାଶାଳ ଭିତରୁ
ପେଟଭରା ହଣ୍ଡା ଫନ୍ଦରେ
ଡାବ ବାଡେଇ ହେବାର ଶବ୍ଦ ।

ବାଟଛାଡ
ମୁଁ ନୁହେଁ କଦାପି ହେଲେ
ଜଣେ ପ୍ରତାରକ
ମୁକ୍ତକର ଏବେ ମୋତେ ମୋ
ମାଟିମା'କୁ
ସଲାମ କରିବାକୁ ଦିଅ ।

ବିଳମ୍ବିତ ଅନ୍ତର୍ଦାହ - ୨

ସ୍ୱୀକାର କରୁଛି
ମୁଁ କମ୍ବଳ ଭିତରେ
ଆଉ ତୁ ହେଁସ ତଳେ
ମୁଁ ଘର ଭିତରେ
ଆଉ ତୁ ଅଗଣା ପିଣ୍ଡାରେ
ମଶାରି ଭିତରେ ମୁଁ
ଆଉ ତୁ ଗୋବର ଧୂଆଁରେ ।

କିନ୍ତୁ
ସତ କହୁଛି
'ଅସ୍ଥିକୁ ତୋର ଏବେ ମୁଁ
ଖୁବ୍ ଯତ୍ନରେ ରଖିଛି
ପାଣି, ପବନରୁ ମୁକ୍ତ ସେ ଆଜି
ନାଲି କରିଆ ପିନ୍ଧିଛି' ।

'ଗୁଡାଖୁ, ଦାନ୍ତ କାଠି,
ପାନ, ଗୁଆ, ଗୁଣ୍ଡି ସହିତ
ନିଇତି ଅନ୍ନ ବି ପରଷୁଛି
ଆଗରେ ତୋର ମୁଁ
ଧୂପ ଦେଉଛି
ଦୀପ ଜାଳୁଛି

କେତେବଳେ କୀର୍ତ୍ତନ କରୁଛି ତ
ଆଉ କେତେବେଳେ
ଶଙ୍ଖ ବି ଫୁଙ୍କୁଛି’।

ସତ କହୁଛି
‘ସାତ ଶାସନ
ତେର ମଉଜା
ଆଉ ଛବିଶ ଖଣ୍ଡ ଗାଁରୁ ମୁଁ
ଏକସହସ୍ର ଏକ ବ୍ରାହ୍ମଣଙ୍କୁ
ଅନ୍ନ ଦେଇଛି
ଦକ୍ଷିଣା ସାଙ୍ଗକୁ
ବସ୍ତ୍ର ବି ଦାନ କରିଛି
ଏଇ ଏବେ ଏବେ ତୋ
ବର୍ଷକିଆ ସାରିଛି।
ଘରକୁ ମୋର ମୁଁ
ତୋ ନାଁରେ
ନାମିତ କରିଛି’।

ସତ କହୁଛି
‘ଅନ୍ତଶଯ୍ୟାରେ ଏବେ ମୁଁ
କଥା ତୋର କାହିଁ
ମୋର ଭାରି ମନେ ପଡୁଛି’
ସତ କହୁଛି
‘ସ୍ୱପ୍ନରେ ହେଉପଛେ
ମୁଣ୍ଡ ଉପରେ ମୋର
ତୋ ହାତ ରହିଛି
ଗତ ରାତ୍ରିରେ
ତୋତେ ମୁଁ କ୍ଷମା ମାଗିଛି
ଭୋ ଭୋ କରି କାନ୍ଦି ଉଠିଛି

କାଖରେ ତୋର ମୁଁ
ମୋତେ ପାଇଛି
ସତେ କି ମୋର
ପୁନର୍ଜନ୍ମ ହୋଇଛି' !
ସତ କହୁଛି
'କାଲି ରାତ୍ରଠାରୁ ମୁଁ
ଧିରେ ଧିରେ ସୁସ୍ଥ ହେଉଛି' ।

■

BLACK EAGLE BOOKS

www.blackeaglebooks.org
info@blackeaglebooks.org

Black Eagle Books, an independent publisher, was founded as a nonprofit organization in April, 2019. It is our mission to connect and engage the Indian diaspora and the world at large with the best of works of world literature published on a collaborative platform, with special emphasis on foregrounding Contemporary Classics and New Writing.

www.ingramcontent.com/pod-product-compliance
Lightning Source LLC
Chambersburg PA
CBHW060619080526
44585CB00013B/896
9781645602682